인간을 인간답게

글로벌 공공 윤리를 위해

인간을 인간답게
글로벌 공공 윤리를 위해

초판1쇄 인쇄 2014년 11월 28일
초판1쇄 발행 2014년 11월 28일

지은이 프레드 달마이어
옮긴이 신충식 · 최인자
펴낸이 조인원
펴낸곳 경희대학교 출판문화원

주소 서울시 동대문구 경희대로 26
전화 02-961-0106~8, 팩스 02-962-8840
설립 1960년 9월 16일 제5-8호
등록 1977년 11월 8일 제6-5호
홈페이지 www.khupress.com
전자우편 press@khu.ac.kr

ISBN 978-89-8222-474-4 03340

인간을 인간답게
글로벌 공공 윤리를 위해

프레드 달마이어

경희대학교 출판문화원
KYUNG HEE UNIVERSITY PRESS

일러두기

1. 이 책의 1장, 2장, 4장은 노트르담대학교의 프레드 달마이어 명예교수가 경희대학교에서 강연한 내용을 담았습니다.

   1장 인간을 인간답게: 후마니타스 석학 초청 강연 (2011년 11월 28일)
   2장 정치적 신체: 'Peace BAR Festival 2011' 국제 학술회의 기조 강연 (2011년 10월 31일)
   4장 유교와 세계주의: 후마니타스 콜로키움 (2012년 6월 4일)

   그리고 이 강연들의 내용은 달마이어 교수가 발표한 아래의 글을 바탕으로 구성됐습니다.

   "Humanizing Humanity: Education for World Citizenship," in Fred Dallmayr, *Being in the World: Dialogue and Cosmopolis* (Lexington, KY: University Press of Kentucky, 2013); "The Body Politic: Fortunes and Misfortunes of a Concept," in Fred Dallmayr, *Being in the World: Dialogue and Cosmopolis* (Lexington, KY: University Press of Kentucky, 2013); "Cosmopolitan Confucianism? Chinese Traditions and Dialogue," in Fred Dallmayr, *Being in the World: Dialogue and Cosmopolis* (Lexington, KY: University Press of Kentucky, 2013),

2. '3장 시장과 민주주의'는 마이클 샌델의 저서를 다룬 달마이어 교수의 논문입니다.

머리말

『인간을 인간답게: 글로벌 공공 윤리를 위해』가 출간돼 참으로 기쁘다. 이 책이 나온 것을 보면, 운 좋게도 내가 한국, 특히 한국의 동료 학자들과 여러 해 동안 긴밀한 관계를 맺어온 사실을 미뤄 짐작할 수 있을 것이다. 책에 실린 글 대부분은 서울에서 강연을 통해 발표했다. 책의 2장은 2011년 경희대학교가 개최한 'Peace BAR Festival'의 기조연설에서 소개했다. 1장과 4장은 경희대학교 후마니타스칼리지에서 강연한 내용이다. 3장은 동료인 마이클 샌델Michael Sandel의 저작에 대한 응답이다. 내가 서울을 방문했을 당시 그는 한국에서 상당히 주목받는 (그리고 충분히 그럴 만한 가치가 있는) 학자였다.

이 자리를 빌려 'Peace BAR Festival' 학술회의 관계자 분들과 도정일 후마니타스칼리지 대학장님께 다시 한 번 감사의 말씀을 드린다. 이분들 덕분에 나는 강연회에 초청됐고 서울에 머무는 내내 환대를 받았다. 세심한 배려 속에 정성 어린 후대를 받았다. 하지만 내 고마움은 겉으로 드러난 환대 너머까지 미친다. 더욱 중요한 것은 만남에 충만했던 정신이다. 이 점에서 나는 문화적 학습의 커다란 수혜자였다. 물론 이는 문화를 가로지르는 모든 연구의 기본 전제다. 해외로 나간 학자들은 가르치거나 강연하는 것뿐만 아니라 배우거나 자신을 변화시키는 학습을 경험하는 것도 준비해야 한다.

한국에서는 이러한 학습을 풍부히 경험할 가능성이 크다. 내 경험으로 볼 때 한국 사회는 다른 많은 근대사회에서 사라지거나 점점 시들해지는 윤리적 감성을 여전히 잘 드러낸다. 이러한 감성은 다분히 유교 전통에서 기인한다. 한국에서 윤리적 감성의 내림은 공식적이거나 명시적이지 않고 주로 (이론 지식보다 더 중요한) 일상 행동이나 일반적인 생활 방식에서 나타난다. 그러한 감성은 당연히 일종의 인본주의로 귀결된다. 이 인본주의는 인간 중심적이거나 자아 중심적인 것이 아니라 공자와 맹자가 '인仁'이라고 부른 것에 가깝다.

이 책에 실린 모든 글은 그러한 종류의 윤리적 인본주의를 기린다. 윤리적 인본주의를 보면 마이클 샌델이 『돈으로 살 수 없는 것들What Money Can't Buy』에서 한 말이 떠오른다. "우리는 도덕적, 정신적 논쟁에 참여하기를 꺼리기 때문에 엄청난 대가를 치르고 있다. 공적 담론에서 도덕적, 시민적 에너지가 고갈되고 있으며, 기술 관료적 관리 정치가 오늘날 많은 사회를 괴롭히고 있다." 'Peace BAR Festival' 기조연설에서 나는 현시대의 가장 심각한 질환, 다시 말해 자아와 타자, 마음과 몸, 인간과 자연의 분열을 치유하고자 했다. 이런 면에서 그 강연은 장재張載의 유명한 '서명西銘'으로 되돌아간다. "하늘은 아버지요, 땅은 어머니다. 그리고 미물인 내가 그 사이에서 더불어 살아간다. 따라서 천지에 가득 찬 기운이 내 몸이며, 천지를 주재하는 이치가 내 본성이다."

프레드 달마이어
2014년 8월
노트르담에서

차례

1

인간을 인간답게

인문학의 세계적 의미

최근에 저는 영광스럽게도 매우 중요한 모임에서 강연할 기회가 있었습니다. 그것은 바로 제1회 세계인문학포럼이었습니다. 우리가 사는 세상에서 인문학이 갖는 중요성을 강조하기 위해 처음으로 기획된 국제회의였습니다. 유네스코가 이 모임을 소집하고 준비한 것은 뜻깊은 일입니다. 국제 공동체의 분과 기구인 유네스코는 전 세계 학습과 교육의 증진을 사명으로 삼고 있습니다. 1946년 발효된 유네스코 헌장에 명시된 것처럼 "문화의 광범한 보급과 정의, 자유, 평화를 위한 인류 교육은 인간의 존엄에 불가결"합니다.[1] 유네스코가 증진하고자 하는 교육이 '자유 교양'이라고도 부르는 인문학에 국한되지 않는다는 점은 틀림없습니다. 하지만 우리는 인문학이 인류의 교육에서 중요하고 매우 핵심적인 위상을 점하고 있다고 주장할 수 있습니다. 실은 저도 그렇게 주장하려고 합니다. 이는 부분적으로 다음과 같은 사실과 관련이 있습니다. 인문학은 여러 맥락에서

1 유네스코 헌장 전문은 http://portal.unesco.org 참조.

'멸종 위기종'이나 다름없습니다. 오늘날 많은 대학에서는 기술과 제한적인 전문 직업교육에 역점을 둔 나머지 인문학이나 자유 교양 프로그램이 폐지되지는 않았지만 축소됐습니다.[2] 저는 이러한 추세가 심각한 대가를 치를 것이라고 주장하고자 합니다. 누구나 알고 있듯이 오늘날 우리 세계는 고문과 테러리즘, 민족 말살 같은 잔혹 행위로 들끓고 있습니다. 우리는 잔혹 행위에 맞서 싸우는 새로운 종류의 국제법을 갖고 있습니다. 우리는 전쟁범죄뿐만 아니라 '인간성에 반하는 범죄'에 대해서도 논합니다. 여기서 인간성은 '인류'와 '인간 됨됨이'란 말에 상응합니다. 하지만 인간성과 인간 됨됨이를 신중하게 함양하지 않는다면 어떻게 그러한 범죄를 내적하거나 줄일 수 있겠습니까? 인간성과 인간 됨됨이를 기르고 닦는 것이 바로 인문학의 목적입니다.

이러한 관점에서 볼 때 인문학을 겨냥하는 흔한 비난은, 다시 말해 인문학이 쓸모없다거나 눈에 보이는 이득이 없다거나 하는 비난은 전혀 근거 없는 것으로 드러납니다. 어느 시기든 대학살과 대혼란의 감소는 분명 인류에 엄청난 이득이 되곤 했습니다. 의도된 것은 아닙니다만 그러한 비난에서 옳은 점은 있습니다. 인문학이 외형적인 이득을 낳지 못하거나 그러한 이득을 위해 연구되지 않는다는 것은 사실입니다. 이렇듯 인문학 연구는, 마사 너스봄Martha Nussbaum이 옳게 지적한 것처럼, 이익이 안 되

2 예를 들어 Jennifer Washburn, *University, Inc.: The Corporate Corruption of Higher Education* (New York: Basic Books, 2005) [『대학 주식회사』, 김주연 옮김, 후마니타스, 2011] 및 Noam Chomsky, "Public Education under Massive Corporate Assault," (http://www.readersupportednews.org/off-site-opinion-section) 비교.

거나 '비영리적'입니다.[3] 철학적으로 말하면 인문학에서 얻을 수 있는 것은 '내재적' 선善입니다. 시를 낭송하고 플루트를 연주하는 것처럼 인문학 연구는 그 자체로 이득을 가져다준다는 점에서 말입니다. 다시 말해 '실천인'이 계속 추구하는 변화와 '인간화' 속에 내재하는 선이라 할 수 있습니다. 물론 그렇다고 해서 이러한 이득이 더욱 광범위한 사회적, 정치적 영향력을 발휘할 수 없는 것은 아닙니다. 사실 제 생각에 대혼란의 감소 같은 그러한 영향력이 내재적 선의 요체입니다. 이것이 바로 인간을 인간답게 하는 인문학의 실천입니다. 지금부터 저는 세 가지 논제를 다루려고 합니다. 첫째, 자유 교양의 역사와 최근 몇 세기에 걸친 이른바 '학과목의 분류'에 주목하면서 '인문학'의 의미를 살펴볼 것입니다. 그런 다음 인문학의 중요하고 고유한 특성과 그 교육적 중요성을 조명하고자 합니다. 마지막으로 인문학이 인도적인 코스모폴리스cosmopolis의 출현에 결정적으로 기여할 수 있고 기여해야 한다는 점을 논하고자 합니다.

인문학과 자유 교양

인문학은 주로 인간의 삶, 행위, 경험에 관심을 갖기에 '인간 연구'라고도 불립니다. 이러한 점에서 소크라테스Socrates는 인문학의 아버지라고 부를 수 있습니다. 천문학과 형이상학으로부터 윤리학, 정치학, 사회심리학 같은 인간사로 관심을 돌렸기 때문

---

3 Martha C. Nussbaum, *Not for Profit: Why Democracy Needs the Humanities* (Princeton, NJ: Princeton University Press, 2010) [『공부를 넘어 교육으로』, 우석영 옮김, 궁리, 2011].

입니다. 어떤 면에서 플라톤Plato은 이러한 변화를 계승했습니다. 자의적 의견을 성찰적 통찰로 전환시키는 진정한 교육의 속성을 강조하면서 말입니다. 우리는 인간의 지식 또는 탐구를 세 가지 주요 분야로 나누는 중요한 구분을 아리스토텔레스Aristotle로부터 물려받았습니다. 그것은 바로 '이론적' 학문, '실천적' 탐구, '생산적(또는 건설적, 기술적)' 노력입니다. 첫 번째 유형에서는 과학자가 객관적이고 중립적인 입장에서 현상을 관찰하고 분석합니다. 반면에 실천적 탐구는 인간사(특히 윤리와 정치 차원)에 대한 실천인의 현실적 개입을 요구합니다. 마지막으로 건설적 노력은 도구적 목적에 유용한 기술적 '노하우'를 증진시키는 것과 관련이 있습니다. 아리스토텔레스의 세 가지 유형 가운데 실천적 분야가 오늘날 우리가 '인문학'이라고 부르는 것과 가장 밀접한 연관이 있다는 것을 쉽게 알 수 있습니다. 이러한 사실은 많은 '인문학자'가 아리스토텔레스의 유산과 긴밀히 연계돼 있음을 해명해줍니다.[4] 근대 서구 사상에서 벌어진 현상은 아리스토텔레스적인 선호 체계를 어느 정도 뒤엎는 것이라고 볼 수 있습니다. 이론 학문 혹은 순수 학문이 도구적 기술과 결합해 실천적인 인문주의 관심사를 열외로 취급하거나 고사시키려는 경향이 있었기 때문입니다.

인문학과 긴밀히 연계된 또 다른 용어로 '자유 교양'이라는 말

4 정치 이론가 한나 아렌트는 아리스토텔레스의 유산에 의존하지 않으면서 인간 활동을 노동, 작업, 행위로 삼분했다. 작업은 기술적 노하우에 해당하며, 행위는 아리스토텔레스의 실천적 분야와 상응한다. 예를 들어 *The Human Condition: A Study of the Central Dilemmas Facing Modern Man* (Chicago: University of Chicago Press, 1958) [『인간의 조건』, 이진우·태정호 옮김, 한길사, 1996], p. 9 참조.

이 있습니다. 자유 교양이란 용어는 로마 제국의 스토아 학파가 만든 학교 교과과정으로 거슬러 올라갑니다. 이 과정은 유럽 중세 시대로 이어지면서 더욱 구체화됐습니다. 당시에는 일곱 개의 자유 교양으로 구성된 두 단계의 교육과정이 통상적이었습니다. 이처럼 초급인 삼학과三學科에서 고급인 사학과四學科로 올라가는 과정은 교육의 단계적 속성에 관한 플라톤의 아이디어를 반영한 결과입니다.[5] 이 자리에서 고전적인 교과과정을 상세히 논할 생각은 없습니다. 그보다는 사용된 용어를 주목하려고 합니다. 왜 그러한 과목들이 '자유 교양'이라고 부르는 고전적 교과과정에 제공됐을까요? 자주 언급되는 설명이 하나 있습니다. (로마 제국이 다수 보유하고 있던) 노예보다는, '자유로운' 시민을 교육하는 데 적합한 과목들이었기 때문이라는 해석입니다. 근거 없는 설명은 아닐 것입니다. 하지만 이는 노예가 전혀 없거나 오래전 노예제가 폐지된 사회에 그 용어가 존속하는 것을 설명하지 못합니다. 편협한 이데올로기 장애물을 제거하면 사실 그 용어는 설명 가능한 또 다른 깊은 의미를 담고 있습니다. 자유 교양은 실천인의 자유에 기여합니다. 외부의 굴레 및 물질적이거나 도구적인 이익에 대한 예속으로부터 해방될 수 있도록 도움을 줍니다. 이런 의미에서 자유 교양은 분명 인문학의 비실용적이고 '비영리적인' 특징을 떠올리게 합니다. 다시 말

5 이에 대한 배경은 Robert Flint, *Philosophy as Scientia Scientiarum and a History of Classifications of the Sciences* (Edinburgh and London: Blackwood, 1904) 및 나의 "Political Science and the Two Cultures," in *Beyond Dogma and Despair: Toward a Critical Phenomenology of Politics* (Notre Dame, IN: University of Notre Dame Press, 1981), pp. 21–42 참조.

해 여기서 자유는 외적인 프로젝트나 부수적인 산물이 아니라 실천에 담긴 내재적인 선인 것입니다.[6]

앞서 지적했던 것처럼 근대 서구 사상은 실천적 인간사에 대한 그리스 로마의 관심과 거의 정반대라고 할 수 있었습니다. 근대의 지적 세계에서 '인간중심주의'가 동시에 상승한 점을 보면 흥미롭거나 놀라운 현상입니다. 하지만 이러한 상승은 대부분 과학적 분석과 '외부' 자연의 통제 및 통제의 기술적 활용을 지향했다는 사실이 고려돼야 합니다. 근대적 이행의 시작을 알린 대표적 인물이 철학자이자 과학자인 프랜시스 베이컨Francis Bacon이었습니다. 그의 모든 연구나 학습은 하나의 목표, 다시 말해 눈에 보이는 '이익'을 향했습니다. 그것은 바로 '인간 지위의 향상'과 안락한 삶이었습니다. 베이컨은 자신의 저서 『학문의 진보The Advancement of Learning』와 『신기관Novum Organum』에서 탐구를 세 가지로 나누는 아리스토텔레스의 전통적 구분을 극적으로 재설계했습니다. 다시 말해 역사와 시, 과학철학을 비교했습니다. 역사는 단지 자료의 수집에 지나지 않았습니다. 그리고 시는 말도 안 되는 생각에 불과했습니다. 반면에 과학적 탐구는 인과라는 자연'법칙'에 대한 연구를 통해 지식에 이르는 유일하고 참된 길이라고 극찬을 받았습니다.[7] 베이컨과 그 추종자들의 영향으로 전통적인 '실천' 혹은 실천 사상은 외면당하거나 훨씬 더 숙명

---

6 예를 들어 Henry M. Wriston, *The Nature of a Liberal College* (Appleton, WI: Lawrence University Press, 1937) 및 Brand Blanshard, *The Uses of a Liberal Education, and Other Talks to Students* (La Salle, IL: Open Court, 1973) 비교.

7 베이컨의 '기관'과 지식 '분류'는 예를 들어 Henry E. Bliss, *The Organization of Knowledge and the System of the Sciences* (New York: Holt, 1929), pp. 316-320과 비교.

적으로 '이론적' 또는 과학적 지식의 분과로 바뀌었습니다. 이에 따라 윤리학은 심리적 호감과 혐오에 대한 연구로 전환되면서 경험적 심리학으로 귀결됐습니다. 유사한 방식의 커다란 변화가 '경제학'의 영역에서도 일어났습니다. 아리스토텔레스주의자들에게 경제학이란 좋은 삶을 위한 '가계'의 기여를 의미했습니다. 실천에서 이론으로 급격히 이동한 근대 경제학은 사회복지나 정의에 대한 숙고가 거의 없는 시장에서 합리적이고 수학적으로 이익을 산출하는 것으로 변모했습니다.

그런데 공정하게 말하면 근대에서 승리한 베이컨 체계는 줄곧 도전을 받았습니다. 그에 반대하는 기류 혹은 다수의 목소리가 실천을 지배하는 이론에 대항했습니다. 특히 의미 있는 반대 흐름은 르네상스부터 계몽주의 시대를 거쳐 낭만주의 시대로 이어진 '인문주의'였습니다. 르네상스와 후기 르네상스 인물들 가운데 이탈리아 사상가인 마리오 니촐리오Mario Nizolio, 토마소 캄파넬라Tommaso Campanella, 지암바티스타 비코Giambattista Vico를 특별히 언급할 필요가 있습니다. 베이컨과 대조적으로 니촐리오와 캄파넬라는 문학과 역사를 가장 중요하게 여겼습니다. 합리적이고 과학적인 철학의 원리를 창백하고 생기 없는 추상적 개념일 뿐이라고 한 데 비해 문학과 역사는 서사와 경험의 풍요로운 보고로 다뤘습니다. 계몽주의 시대 직전 비코는 역사적이고 '인문적인' 연구가 다른 과학보다 탁월하다고 선언했습니다. 그는 이러한 연구가 '실천적' 지식에 뿌리를 두기 때문에 우월하다고 주장했습니다. 역사와 사회적 삶은 인간의 활동이므로 더

명료하게 이해할 수 있다는 것입니다.[8] 얼마 뒤 독일 철학자 요한 고트프리트 헤르더Johann Gottfried Herder는 주로 추상적 합리주의의 주장에 대응하면서 상이한 문화와 언어에 대한 연구, 다시 말해 광범위한 '인문학' 연구를 호소했습니다. 그는 구체적이고 실제적인 사례만이 인류의 바람직한 '진보'를 촉진할 수 있다고 논했습니다. 바로 이것이 인류의 참된 '인간화'였습니다. 이러한 맥락에서 헤르더는 인간의 상향적인 형성 또는 변형이라는 중요한 개념, 다시 말해 인문학의 기본 모토로 기능할 수 있는 개념을 정식화했습니다.[9]

그다음 두 세기에 걸쳐, 실증적으로 유용한 지식을 강조하는 '실증주의'는 '지식 공화국' 내의 모든 학문 분야를 점점 압박해 과학적인 인과 분석 모형에 동화시키고자 했습니다. 이러한 압력은 윤리학과 경제학뿐만 아니라 역사기록학과 언어학에서도 감지됐습니다. 심지어 정치학도 영향을 받아 공공 행위는 갈수록 양적 수치로 측정됐습니다. 물론 실증주의자들의 '촉수'로부터 사회과학과 인문과학을 지키려는 노력이 계속 이뤄졌습니다. 사실 19세기에는 엄격한 과학적 탐구 영역으로부터 특정 연구를 차별화시키려는 복잡한 분류 체계가 많았습니다. 이렇게 계속 진행된 '학문 분과들의 전쟁'을 이 자리에서 열거하지는 않

---

8 Giambattista Vico, *On the Study Methods of Our Time (De Nostri Temporis Studiorum Ratione)*, trans. Elio Gianturco, with preface by Donald P. Verene (Ithaca, NY: Cornell University Press, 1990) 참조.

9 Johann Gottfried Herder, *Auch eine Philosophie der Geschichte zur Bildung der Menschheit*, with epilogue by Hans-Georg Gadamer (Frankfurt-Main: Suhrkamp, 1967) [『인류의 교육을 위한 새로운 역사철학』, 안성찬 옮김, 한길사, 2011] 참조.

겠습니다. 몇 가지만 언급해도 충분할 것입니다. 매우 중요하고 영향력이 큰 분류 체계로 자연과학과 '정신'과학의 구분이 있었습니다. 이 체계를 옹호하는 이들에게 정신과학은 인간의 마음 또는 '정신'에 의해 생성된 통찰에 기반을 뒀습니다. 인간의 경험과 정신적인 삶에 직접 통용되는 현상을 다뤘습니다. 이러한 구분은 일견 호소력이 있었습니다. 하지만 경험적 심리학이 정신 과정을 잠식하면서 도전을 받았고 기반이 약화됐습니다. 또 다른 분류 체계는 자연과학과 역사의 구분에 의거했습니다. 자연과학은 일반 법칙에 치중했고 역사는 특별한 사건에 초점을 맞췄습니다. 이에 따라 '보편' 학문과 '개별' 학문이 구분됐습니다. 그렇지만 특별한 사건이 적극적으로 해석되고 이해되지 않는 한, 역사기록학은 (베이컨 학파의 말처럼) 경험적인 자료 수집을 넘어설 수 없었습니다.[10] 결국 이러한 교착 상태로부터 한 가지 분명한 사실을 깨닫게 됐습니다. 인간 실천으로의 회귀 없이 '인문학'의 구제 혹은 부활이 불가능하다는 사실입니다. 그리고 두 종류의 시도가 구분됐습니다. 하나는 자연을 알고 통제하려는 것이고 다른 하나는 실천적 행위에서 '의미'를 설명하려는 것입니다.[11]

---

10 이러한 체계들에 대한 더 자세한 설명은 나의 "Political Science and the Two Cultures," pp. 30–36 참조.

11 지식 공화국과 관련해 '실천적인 전회'는 예를 들어 '보살핌'이라는 핵심 범주와 사물에 대한 보살핌, 타인에 대한 보살핌, 자기에 대한 보살핌으로의 그 분화를 강조하는 마르틴 하이데거에게서 찾아볼 수 있다. *Being and Time*, trans. John Macquarrie and Edward Robinson (San Francisco: Harper & Row, 1962) [『존재와 시간』, 이기상 옮김, 까치, 1998], par. 41–42, pp. 235–244 참조. 그 체계는 막스 셸러의 구분인 도구적인 '활동 지식', 형이상학적인 '구원 지식', 인문학적인 '교양 지식'과 비교될 수 있다. 그의 *Die Wissensformen und die Gesellschaft* (Leipzig: Neue Geist Verlag, 1926) [『지식의 형태와 사회 1, 2』, 정영도·이을

실천적 노력으로서의 인문학

근대 후기와 현대에 들어, 보통 아리스토텔레스의 유산에서 영감을 받은 실천으로의 이행이 실용주의, 일상언어철학, 해석학 같은 여러 철학적 경향에 의해 촉진됐습니다. 간결한 설명을 위해 이 자리에서는 해석학과 그 대표적 학자인 한스-게오르크 가다머Hans-Georg Gadamer에 주목하려고 합니다. 잘 알려진 것처럼, 가다머의 해석학은 해석과 '이해', 다시 말해 독자와 텍스트, 화자와 다른 화자 사이의 대화에 바탕을 둔 교환을 통해 이뤄진 이해를 주로 다루고 있습니다. 그런데 종종 간과되는 측면이 있습니다. 여기서 '이해'는 단순히 인지적 활동, 다시 말해 분리된 '인식주체'에 의한 지식의 습득이 아닙니다. 그것은 언제나 실천적인 개입, 다시 말해 사상과 실천의 치열한 갈등을 수반합니다. 가다머가 거듭 강조하듯이, 대화에 바탕을 둔 교환에 들어선다는 것은 지적인 동시에 실존적인 모험을 감행하겠다는 점을 내포하고 있습니다. 자신이 부족하거나 틀렸다는 것을 보여줄 수 있는, 자신의 '마음'뿐만 아니라 인생까지도 바꿀 수 있는 위험을 무릅쓰는 것입니다. 『진리와 방법Truth and Method』에서 그는 아이스킬로스Aeschylos가 자주 사용한 'pathei mathos(겪어서 깨우치다)'를 언급합니다. 이는 고통을 통해서 혹은 역경을 헤치며

상 옮김, 한길사, 2011] 참조. 유사한 실천적인 이행은 Jürgen Habermas, *Knowledge and Human Interests*, trans. Jeremy J. Shapiro (Boston: Beacon Press, 1971) [『인식과 관심』, 강영계 옮김, 고려원, 1996]에서 찾아볼 수 있는데, 그는 다분히 신칸트주의 계통을 따르고 있다. 또한 Bernard Crick, *In Defence of Politics* (Baltimore: Penguin Books, 1964) 및 Wilhelm Hennis, *Politik und praktische Philosophie* (Neuwied and Berlin: Luchterhand, 1963) 비교.

후마니타스 석학 초청 강연이 열린 경희대 청운관에서 강의하는 달마이어 교수.

배움에 이르는 것을 의미합니다. 우리의 실존을 바꾸는 배움의 경험, 다시 말해 우리를 '인간화하는' 경험에 우리는 매여 있는 것입니다.[12] 이러한 관점에서 배움은 '실천적'입니다. 단순히 공리적이거나 도구적인 의미에서 그런 것이 아닙니다. 또한 배움은 추상적인 공리나 원리를 경험적인 상황에 단순히 적용하는 것과도 무관합니다. 오히려 배움은 지식과 윤리적 행위에 대한 전제와 지침으로서 경험을 진지하게 받아들이는 것을 의미합니다. 이렇듯 넓은 의미에서 가다머는 인문학의 탁월한 멘토로 여겨질 수 있습니다.

'멘토'라는 호칭은 자의적으로 붙인 것이 아니라 가다머의 저작에서 직접 비롯된 것입니다. 『진리와 방법』의 주요 부분은 "인

12 Hans-Georg Gadamer, *Truth and Method*, 2nd rev. ed., trans. Joel Weinsheimer and Donald G. Marshall (New York: Crossroad, 1989) [『진리와 방법 1』, 이길우·이선관·임호일·한동원 옮김, 『진리와 방법 2』, 임홍배 옮김, 문학동네, 2012], pp. 356-357 참조.

문과학(또는 인문학)의 인도주의적 전통이 갖는 중요성"을 다루고 있습니다. 이러한 중요성을 보여주기 위해 가다머는 인문학 연구와 관련된 인도주의적 전통의 주요 특징(또는 지배적 이념)을 많이 논의합니다. 중심 주제는 'Bildung(교양)'입니다. 이 용어는 단순히 주어진 경험적 문화나 생활 방식을 가리키는 것이 아닙니다. 오히려 교화의 과정, '형성' 또는 변형의 과정을 의미합니다. 가다머가 지적한 것처럼, 독일어 'Bildung'은 'Bild(이미지)'에서 파생됐으며, 'imago Dei(신적인 이미지)'라는 더 오래된 의미를 내포하고 있습니다. "인간 창조의 본이 되고 인간이 성취하고자 애써야 하는" 신적인 이미지입니다. 그러므로 이 단어에 담긴 뜻은 단순한 교육 방식이 아니라 '신격화로서의 인간화(또는 그 반대)'로 부를 수 있는 복잡한 사건입니다. 가다머가 강조하는 가장 중요한 측면은, 이러한 의미에서의 형성 또는 변형이 외적인 이익을 추구하는 것이 아니라 그 자체 내에 가치를 갖고 있다는 점입니다. 그는 다음과 같이 말합니다. "이런 점에서 'Bildung'이 위대한 개념인 'physis(자연)'와 유사한 것은 우연이 아니다. 자연과 같이 'Bildung'은 그 외부에 어떤 목적도 갖고 있지 않다." 이러한 의미에서 'Bildung'은 단순히 직업이나 출세를 위해 현재의 재능 혹은 소질을 키우는 것을 뛰어넘습니다. 'Bildung' 안에서 "형성된 것은 완전히 자기 자신의 것이 되어 남아 있는" 것입니다.[13]

서구 인본주의 전통에서 'Bildung'은 정적인 개념이나 관념이

13 *Truth and Method*, pp. 9–11.

아니었습니다. 그 자체로 교화의 과정, 꾸준한 재형성과 재해석의 과정을 수반했습니다. 르네상스와 경건주의 사상가들의 저작에서 처음 등장한 이 용어는 계몽주의 시대와 뒤이은 독일 고전 사상 시대에 결정적으로 강조됐습니다. 헤르더의 기여는 앞서 언급했습니다. 그의 가까운 대화 상대는 시인인 클롭슈토크Friedrich Gottlieb Klopstock와 임마누엘 칸트Immanuel Kant였습니다. 그런데 가다머는 결정적인 재정식화가 헤겔Georg Wilhelm Friedrich Hegel의 저작으로부터 비롯됐다고 봅니다. 『철학서설Philosophical Propaedeutic』과 『정신현상학Phenomenology of Spirit』에서 헤겔은 'Bildung'이 현재 능력을 섬세하게 조율하는 데 국한되지 않는다고 분명히 주장했습니다. 그것은 도전에 응하는 자기 초월 운동과 관련이 있다고 했습니다. 이러한 맥락에서 헤겔의 '소외' 개념이 특히 중요합니다. 그는 배움이 타자성을 통해 진행돼야 하며 자기 발견은 타자와 세계와의 대면을 통해서만 발생할 수 있다고 주장했습니다. 가다머는 이렇게 말합니다. "근본적이고 올바른 아이디어는 다음과 같다. 타자 안에서 자기 자신을 인지하는 것, 그 안에서 평온하게 되는 것이야말로 정신의 근본적인 운동이다. 정신의 본질은 오직 타자성으로부터, 그리고 타자성을 통해서 자신에게 돌아가는 데 있다." 이후 이러한 아이디어가 인문과학, 특히 역사학, 인류학, 문학 분야의 발전에 얼마나 유익했는지 쉽게 알 수 있습니다. 물론 이들 학문 분야가 인본주의 전통에 충실했다면 말입니다. 가다머는 다음과 같이 말합니다. "인문과학의 올바른 구성 요소는 근대 자연과학적 방법론의 원리보다 'Bildung'의 전통으로부터 더 쉽게 파악될 수 있다."[14]

인본주의 전통과 인문학의 또 다른 주요 특징은 명백한 지식과 엄밀한 과학의 인식론적 주장과 대조되는 신중한 '판단(Urteil)'을 강조하는 것입니다. 이러한 점에서 아리스토텔레스의 유산인 '실천적 지혜'가 중요합니다. 이는 올바른 중용을 추구하고, 주어진 상황에 대한 찬반을 신중히 평가할 수 있는 윤리적 능력을 계발합니다. 형성과 관련된 'Bildung'의 강조와 마찬가지로, 신중한 판단이라는 개념은 보편적 원리를 중시하는 계몽주의와 대립하거나 적어도 계몽주의의 논리를 수정합니다. 특수한 양상에 주목하는 것이 필요하다고 주장하면서 말입니다. 특수한 양상에 대한 강조는 구체적 판례에 의존하는 영국 '관습법' 전통의 특징이기도 합니다. 가다머는 다음과 같이 말합니다. "현명한 추론은 무엇이 옳고 그른지, 무엇이 적절하고 부적절한지, 무엇이 적합하고 부적합한지 판단할 수 있는 능력에서 주로 드러난다. 이러한 측면에서 건전한 판단은 특수한 사례를 보편적 원리 아래에 포괄할 수 있는 능력이 아니라, 정말로 무엇이 중요한지 알 수 있는 능력을 의미한다. 다시 말해 올바르거나 건전한 관점에서 사례를 판단하는 것이다." 이와 같은 후자의 관점은 칸트의 합리주의가 아니라 아리스토텔레스의 가르침으로부터 영감을 받은 것입니다. 다시 말해 찬반을 판단하고 평가하는 것은 '정언명령'의 규칙에 종속된다는 칸트의 『판단력 비판Critique of Judgment』과 무관합니다. 인본주의와 인문학의 입장

14 *Truth and Method*, pp. 14, 18.

에서는 이러한 종류의 종속이 부적절하며 수용할 수 없는 것입니다. 그것은 추상적인 지식을 선호한 나머지 실천과 그 현실적 개입을 포기하기 때문입니다.[15]

판단의 역할과 밀접히 관련된 '공통 감각'이라는 개념은 여러 면에서 인본주의의 핵심입니다. 인본주의 전통에서 높이 평가하는 판단은 순전히 사적이거나 특유한 의견의 표현이 아닙니다. 오히려 공동체 혹은 사회적 맥락에서 다른 구성원과의 상호작용으로 배양되는 능력입니다. 이러한 점에서 판단은 계속되는 수정과 변형에 기꺼이 응하는 공유된 혹은 '공적인' 감각입니다. 근대 초기에 이 개념을 옹호한 이가 지암바티스타 비코였습니다. 그는 수사학과 공적 담론을 변호하면서, 세계와 사회로부터 분리된 '코기토cogito'를 예찬하는 데카르트René Descartes에 맞섰습니다. 가다머는 다음과 같이 말합니다. "수사학의 탁월한 스승인 비코는 고대로 거슬러 올라가는 인본주의 전통 안에 있다. 분명 이러한 전통은 인문학이나 인문과학의 자기 이해에서 중요하다." 비코가 시도한 것은 근대 교육, 나아가 계몽주의에 새로운 방향과 새로운 의미를 부여하는 것이었습니다. 추상적으로 보편적인 인식이 아니라 사회적 맥락에서 윤리적으로 배양되는 실천적 경험에 우위를 두는 쪽으로 나아가고자 했습니다. 가다머를 다시 인용하겠습니다. "비코의 경우 고대인의 지혜, 그리고 신중함과 설득력을 배양하는 그들의 자세는 근대과학과 그 양적 방법론에도 불구하고 필수 불가결한 것으로 남아 있다.

15 *Truth and Method*, pp. 31–32.

심지어 지금도 교육의 가장 중요한 측면은 필연적인 진리가 아니라 있을 법한 것에 대한 평가에 의해 배양되는 '공통 감각'의 계발이다." 이러한 관점에서 공통 감각은 단순히 개인적인 소질이 아니라 "공동체 또는 공동성에 기반을 둔 감각"입니다.[16]

당연히 공통 감각은 일단의 경험적 신념이 아니라, (아리스토텔레스와 스토아 학파의 의미에서) 공공의 덕에 대한 윤리적 탐구의 표상입니다. 이 개념의 윤리적 특성은 섀프츠베리 경Lord Shaftesbury과 프랜시스 허치슨Francis Hutcheson으로부터 토머스 리드Thomas Reid와 애덤 퍼거슨Adam Ferguson에 이르는 스코틀랜드 도덕학파에 의해 확실히 파악됐습니다. 여기서 우리는 윤리적 공통 감각과 근대 '자연법' 간의 차이를 주목해야 합니다. 자연법은 추상적이고 합리적인 원리에 매진합니다. 가다머는 다음과 같이 언급합니다. "섀프츠베리가 염두에 둔 것은 근대 자연법이 포착한 보편적인 인간 능력이 아니라 사회적인 덕이며 머리가 아닌 마음의 덕이다." 섀프츠베리의 저서에서 공통 감각이라는 개념은 공감 또는 '동감'과 같은 사회의 덕과 밀접히 연관됐습니다. 사회의 덕은 그의 전체 형이상학의 토대로서, 그리고 개인적 이익을 찬미하는 근대에 맞서는 중요한 대척점으로서 기능했습니다. 그의 추종자들, 특히 허치슨과 리드는 공통 감각과 동감의 결합을 더욱 발전시켜 '도덕관념' 이론으로 구체화했습니다. 도덕관념 이론은 홉스Thomas Hobbes와 존 로크John Locke의

16 *Truth and Method*, pp. 19–21. 가다머는 다음과 같이 덧붙인다(p. 21). "비코에 따르면, 인간의 노력에 방향성을 제시하는 것은 이성의 추상적 보편성이 아니라 집단, 민족, 국가, 그리고 궁극적으로 인류의 공동체가 대변하는 구체적 보편성이다. 그러므로 이러한 공통 감각을 함양하는 것은 인간의 삶에서 대단히 중요하다."

자유주의적 개인주의에 반대하는 핵심 역할을 담당했습니다. 결국은 주변부로 밀려나긴 했지만 말입니다. 다시 가다머를 인용하겠습니다. "'공통 감각'이 진정으로 중심적인 체계로서 의미를 갖게 된 것은 스코틀랜드 도덕학파의 철학에서였다. 합리주의적 형이상학과 그 회의적 탈구성에 논쟁적으로 반기를 들었으며, 공통 감각에 대한 본래적이고 '자연적인' 판단에 근거해 새로운 체계를 수립했다." 동시에 스코틀랜드 도덕학파는 공통 감각이 개인 선호로 와해되는 것을 결코 용납하지 않았습니다. 토머스 리드는 공통 감각의 판단이 "추론 능력으로 인해 어둠에 잠긴 일상사에서 우리를 인도한다"고 합니다. 그래서 가다머는 다음과 같이 덧붙입니다. 양식good sense이라는 전통은 "형이상학의 '어지럼증'을 치료할 뿐만 아니라 사회적 삶을 참으로 올바르게 다루는 도덕철학의 기초를 포함하기도 한다."[17]

인문학과 글로벌 민주주의

우리는 이제 역사적인 회상으로부터 현재 상황으로 돌아올 필요가 있습니다. 여담으로 역사적 이야기를 꺼낸 것은 'Bildung', 신중한 판단, 공유된 감각 같은 핵심적 특징을 환기하기 위해서

---

17 *Truth and Method*, pp. 24–25. 또한 Thomas Reid, *Philosophical Works*, ed. William Hamilton, 8th ed. (Hildesheim: Georg Olms, 1967), vol. 2, p. 774 참조. 알래스데어 매킨타이어가 자신의 저서 *After Virtue*에서 스코틀랜드 '계몽주의'의 가르침에 주목하는 것은 놀랄 일이 아니다. *After Virtue: A Study in Moral Theory*, 3rd ed. (Notre Dame, IN: University of Notre Dame Press, 2007) [『덕의 상실』, 이진우 옮김, 문예출판사, 1997], pp. 37–39, 272 참조. 또한 Louis Schneider, ed., *The Scottish Moralists on Human Nature and Society* (Chicago: University of Chicago Press, 1967)와 비교.

였습니다. 어느 시대든 이러한 특징이 없으면 인문학은 융성할 수 없습니다. 비코, 헤르더, 스코틀랜드 도덕학파는 자신들의 저작에서 근대 반인본주의적 경향의 맹공에 맞서 인문 연구의 피난처나 교두보를 만들고자 했습니다. 그 사이에 맹공은 쓰나미 같은 것이 돼버리고 말았습니다. 서구와 비서구를 가리지 않고 오늘날 인문학은 과학기술 발전을 우선시하는 이른바 '근대화' 세력에 직면해 수세적 자세를 취하고 있습니다. 때로는 이러한 수세가 '최후의 저항' 또는 거의 포기한 전초기지 같기도 합니다. 인간을 인간화하는 'Bildung' 대신 우리는 점점 직업적 목표를 강조합니다. 판단의 계발 대신 공리주의적이거나 이데올로기적인 원리를 찾습니다. 공통 감각 대신 민영화와 사익을 끊임없이 찬미합니다. 심지어 미국의 교양학부 같은 인문학의 전통적인 후견인조차 점점 기업화되고 있습니다. 마사 너스봄은 자신의 저서 『공부를 넘어 교육으로Not for Profit』에서 이러한 변화를 개탄합니다. 그녀의 언급처럼 오늘날 교육에서 급격한 변화가 일어나고 있습니다. "초등학교, 중등학교, 대학교의 교육에서, 그리고 전 세계 거의 모든 국가에서 인문학과 예술이 사라지고 있다. 글로벌 시장에서 경쟁력을 갖추기 위해 국가가 쓸모없는 모든 것을 없애는 상황에서, 정책 입안자들이 불필요한 것으로 간주하는 인문학과 예술은 교과과정은 물론 학부모와 학생들의 마음에서도 설 자리를 급속히 잃어가고 있다."[18]

너스봄의 저서는 구체적인 사례를 많이 들면서 '조용한 위기'

---

18 Nussbaum, *Not for Profit*, p. 2.

라는 그녀의 주장을 뒷받침합니다. 이 위기는 은밀하게 널리 퍼져나가지만 제대로 인지되지 않습니다. 그녀의 설명에 의하면, 이러한 위기로 위협을 받는 것은 교과과정과 교육기관이 전부가 아닙니다. 민주주의의 미래 또한 위험에 처해 있습니다. 이것이야말로 너스봄의 가장 도발적인 통찰입니다. 바로 여기서 실천적 판단과 공유된 감각의 계발을 위한 인문학의 결정적인 중요성이 부각됩니다. 내용 전부를 인용할 만한 그녀의 이야기를 소개합니다.

> 국익을 갈망하는 국가와 그 교육체계는 민주주의를 활성화하는 데 필요한 기량을 부주의하게 폐기하고 있다. 이러한 경향이 지속된다면 머지않아 전 세계 사회(국가)는 스스로 생각하고 전통을 비판하며 다른 사람의 고통과 성취의 중요성을 이해할 수 있는 온전한 시민보다는 유용한 기계 같은 세대를 양산할 것이다. 전 세계 민주주의의 미래는 극히 불안정한 상태에 있다.

이러한 통찰을 바탕으로 너스봄의 저서는 교육의 두 가지 기본 모형을 설명합니다. 그것은 '이익을 위한 교육'과 '민주주의를 위한 교육'입니다. 전자는 기본적으로 경제 발전이나 성장과 맞물려 있고, 후자는 인문주의 역량의 육성에 맞춰져 있습니다. 제가 말한 인격, 좋은 판단, 감각의 형성 또는 'Bildung'이 후자에 연계됩니다. 그녀는 다음과 같이 말합니다. "경제성장을 이루는 것은 민주주의의 실현을 의미하지 않는다. 또한 건전하고 참여적이며 교양 있는 시민을 양성해 좋은 삶을 위한 기회를 모든 사회계층에게 부여하는 것을 의미하지도 않는다." 반면에 구

시대적인 엘리트 성향을 적절히 제거한 인문학과 자유 교양의 육성은 '민주주의를 위한 교육'의 핵심을 형성할 수 있고, 또 형성해야만 합니다.[19]

너스봄에게 민주주의는 서구나 미국의 특권이 아니라 전 세계적인 목표라는 점이 중요합니다. 따라서 오늘날 민주주의 교육은 글로벌하거나 코스모폴리탄cosmopolitan적인 경향을 가져야 합니다. 진정으로 코스모폴리탄적인 'Bildung'의 요건 또는 '세계시민'의 형성을 다루고 있는 부분이 그녀의 저서에서 가장 인상적입니다. 그녀는 라빈드라나트 타고르Rabīndranāth Tagore의 주장을 이어받으면서, 대륙과 문화가 분리돼 있던 옛날과 달리 오늘날 우리는 하나의 세계에 살고 있다고 말합니다. "사람들은 지리와 언어, 국적의 차이를 넘어 서로 만나고 있다." 그러므로 우리의 문제들은 '그 범위가 전 세계적'입니다. 이러한 맥락에서 우리의 길을 찾기 위해서는 '시장 교환의 느슨한 규범' 그 이상이 필요합니다. 개인의 이익을 지향하는 것이 아닌 새로운 교육이 필요합니다.

> 전 세계의 학교와 대학은 … 긴급한 과제를 안고 있다. 그것은 학생들이 자신을 이질적인 국가(근대의 모든 국가는 이질적이다)의 구성원으로, 그리고 더욱 이질적인 세계의 구성원으로 간주할 수 있도록 가르치는 것이다. 또한 다양한 집단의 역사와 특성을

19 *Not for Profit*, pp. 2, 15, 24. 너스봄은 지난 두 세기에 인문학을 선구적으로 대변한 인물 가운데 특히 철학자인 루소와 듀이, 교육자인 독일의 프리드리히 프뢰벨, 스위스의 요한 페스탈로치, 미국의 브론슨 올컷, 이탈리아의 마리아 몬테소리를 언급한다(pp. 18, 57–58). 이 책에서 시종일관 예찬하는 인물은 가장 탁월한 인도의 교육가인 시인 타고르다. 아마도 혹자는 너스봄의 목록에 루돌프 슈타이너를 추가할 것이다.

이해할 수 있는 능력을 키워주는 것이다.

너스봄은 코스모폴리탄 교육 또는 'Bildung'의 선구자들 중에서도 특히 인도의 타고르와 미국의 철학자인 존 듀이John Dewey를 언급합니다. 타고르는 자유 교양 교육을 강조한 학교인 비스바바라티Visva-Bharati를 설립했으며, 듀이는 글로벌한 예절과 시민정신을 고양하는 데 헌신했습니다. 일부 편협한 도구적 해석과 달리 그녀는 듀이의 광범위한 인문주의적 견해를 올바로 강조합니다. 듀이의 견해는 '관대하고 비환원적'이었으며 '의미, 감정, 호기심으로 가득한 인간관계'를 역설했습니다. 여러 교육 선구자가 권장한 것은 우리 세계의 다원성을 온전히 포용하는 것과 학교와 대학에서 '세계시민 교육'이 자유 교양 교육과정의 핵심이 되는 것이었습니다.[20]

너스봄의 『공부를 넘어 교육으로』는 정신이 번쩍 들게 하는 냉철한 말로 끝을 맺습니다. 그렇다고 절망적인 의미는 아닙니다. 우리 앞에 놓인 도전을 인정할 뿐입니다. '조용한 위기'는 스스로 사라지지 않을 것입니다. 그러므로 용감한 대응이 필요합니다. 그녀는 다음과 같이 말합니다. "탐욕과 나르시시즘narcissism이 존중과 사랑에 맞서는 것처럼 문명의 충돌이 실은 인간 정신 안에서의 충돌이라면, 모든 근대사회는 그러한 전투에서 순식간에 패배할 것이다. 폭력과 비인간화로 치닫는 세력은 늘어나는 반면 평등과 존중의 문화에 이르는 세력은 커나가지

20 *Not for Profit*, pp. 79–80, 86, 91. 너스봄은 여러 언어의 교육을 매우 강조한다. "모든 학생은 적어도 하나의 외국어를 배워야 한다"(p. 90).

않기 때문이다."[21] 이와 같이 인간화와 비인간화 사이에서는 투쟁이 벌어지고 있습니다. 마하트마 간디Mahatma Gandhi는 인간화를 위한 투쟁의 주요 수단으로 비폭력, 그리고 진리와 선의 추구를 꼽았습니다. 헌장에 따르면 유네스코는 이러한 종류의 투쟁에 입각해 있습니다. 이러한 맥락에서 헌장 전문의 첫 부분을 상기하는 것이 적절해 보입니다. "전쟁은 인간의 마음속에서 생기는 것이므로 평화의 방벽을 세워야 할 곳도 인간의 마음속이다." 전문은 다음과 같은 설명을 덧붙입니다. "문화의 광범한 보급과 정의, 자유, 평화를 위한 인류 교육은 … 모든 국가가 상호 원조와 상호 관심의 정신으로써 완수해야 할 신성한 의무이다." 그리고 "평화를 잃지 않기 위해서는 인류의 지적, 도덕적 연대 위에 평화를 건설하지 않으면 안 된다."[22] 모든 국가가 짊어져야 하는 '신성한 의무'가 '세계인문학포럼'을 통해 많이 알려지길 우리 모두 희망해봅시다. 그리고 우리 세계의 바람직한 코스모폴리탄 연대에 이 포럼이 기여하길 기대해봅시다.

---

21 *Not for Profit*, p. 143. 이와 유사한 시각은 Martha C. Nussbaum, *Cultivating Humanity: A Classical Defense of Reform in Liberal Education* (Cambridge, MA: Harvard University Press, 1997) 및 Elise Boulding, *Building a Global Civic Culture: Education for an Interdependent World* (Syracuse, NY: Syracuse University Press, 1990) 참조.

22 유네스코 헌장 전문.

2

정치적 신체

한 개념의 행운과 불운

어진 사람은 천지와 만물을
한 몸으로 간주한다.
—정호程顥

현대 인류를 살펴보면 다양한 질병과 참사에 피폐해진 거대한 신체나 유기체 같다는 인상을 좀처럼 지울 수 없습니다. 정밀하게 진단하지 않더라도 질병의 근본적인 원인을 밝혀내는 것은 그리 어렵지 않습니다. 정치적 억압이나 지배, 극심한 빈부 격차, 대량 학살로 귀결되곤 하는 외국인 혐오증, 테러리스트의 폭력, 종교와 이데올로기의 악용을 그 요인으로 들 수 있을 것입니다. 만약 그런 질환이 소규모로 혹은 제한된 집단 내에서 발생한다면, 재빨리 치료법을 찾아 병에 맞서 싸울 수 있을 것입니다. 하지만 질환이 국제간에 혹은 지구촌 차원에서 대규모로 일어나면, 숙명론이 고개를 들곤 합니다. 이처럼 엄청난 규모의 질병은 불가해한 '자연'의 소행이나 신이 정해놓은 일임에 틀림없다고 주장하면서 말입니다. 이런 주장은 다음과 같은 점에서 일면 타당합니다. 앞서 언급한 질병은 단지 '마음의' 현상이나 의견의 문제가 아니라, 명백히 '체화된' 인간으로 간주된 다수에게 가해진 고통입니다. 바로 이 지점에서 '자연의' 정치철학이 시작될 수 있습니다. 이 철학은 '정치적 신

체'에서 발생하는 정치의 개념을 진지하게 다룹니다.[1]

고대에는 일반적으로 인간 사회를 유대가 긴밀한 동질적 독립체 혹은 유기체로 여겼습니다. 그리고 신의 권능을 대표하는 왕이나 최고 통치자가 사회를 지배했습니다. 이런 관점에서 보면, 왕이나 통치자들은 신과 같은 힘의 화신으로 간주된 반면 일반 대중은 운명의 지배를 받는 수동적 신체였습니다. 중세 기독교 시대 서구 사회는 세속과 종교가 결합된 법에 의해 다스려졌습니다. 에른스트 칸토로비츠Ernst Kantorowicz는 절대왕정의 상징으로 '왕의 두 신체'라는 적절한 표현을 사용했습니다.[2] 르네상스와 계몽주의 시대에는 일반 대중이 칸트의 말대로 '후견의 겨울잠'에서 천천히 깨어났으며, 정치 사건의 수동적 희생자가 아닌 행위자로서의 역할을 발견하기 시작했습니다. 그 결과 극적인 사회적, 정치적 변화와 혁명적 격변이 이어졌습니다. 이러한 일련의 변화는 불가지론적인 불신의 출현을 포함하는 '세속화' 과정으로 해석되곤 합니다. 하지만 이 같은 이해는 한쪽으로 치우친 그릇된 해석입니다. 근대 혹은 근대화 과정 내에서는 정부가 대개의 경우 도구적 구성물로 (잘못) 파악됐습니다. 계약이라는 설계를 통한 인공물 혹은 인위적 물체로 '정치적 신체'를 구성했다고 이해했던 것입니다. 탈자연화된 합리성의 대가가 점차 감지되고, 사회적, 정치적 삶과 진정으

1 이와 관련해 스피노자의 연구에 대한 나의 논의인 *Return to Nature? An Ecological Counterhistory* (Lexington, KY: University Press of Kentucky, 2011), pp. 11–32 참조.

2 Ernst H. Kantorowicz, *The King's Two Bodies: A Study in Mediaeval Political Theology* (Princeton, NJ: Princeton University Press, 1957).

로 구현된 인간의 실천을 다시 연결하려 한 것은 19세기와 20세기의 일이었습니다.

지금부터 저는 첫 번째 논의로 정치적 신체를 합리적 구성물이나 순수이성의 산물로 취급하는 근대적 경향을 다룰 것입니다. 두 번째로는 (좋든 나쁘든) 사회적, 정치적 삶의 '자연적' 혹은 '자연주의적' 기질을 재발견하기 위한 이후의 시도를 검토하려고 합니다. 그리고 결론으로 현시대의 질환을 치유하고 참사를 막을 수 있는 방법을 제시하기 위해 '자연의' 정치철학의 기본 원리를 설명할 것입니다.

인공물로서의 정치적 신체

고대 그리스 로마 사상의 중요한 전제 중 하나는 인간이 사회적 또는 정치적 동물이라는 점이었습니다. 그러므로 정치 공동체는 적어도 어느 정도까지는 '자연적' 신체나 유기체였습니다. 중세 시대에는 토마스 아퀴나스Thomas Aquinas가 아리스토텔레스의 '정치적 동물'이란 개념을 '사회적 동물'로 바꿨지만, 그 의미는 크게 다르지 않았습니다. 이런 전통적 개념은 중세 후기 반본질주의와 주의주의主意主義의 등장으로 힘을 잃기 시작했습니다. 여기서 결정적인 역할을 한 인물은 아리스토텔레스의 유산을 직접 비판한 토머스 홉스였습니다. 『리바이어던Leviathan』보다 10년 정도 앞서 나온 『시민론De Cive』에서 그는 대담하고 단호하게 말합니다. 책의 첫 장에서 그는 다음과 같이 선언합니다. "국가를 논한 이들 중 대부분은 인간이 선천적으로 사회에 적합한 동물이라고 가정한다. 혹은 그것을 믿으라고 요구하거나 애원한다. 그리스인들은 인간을 정치적 동물로 간주했으며, 이를 토대로[혹은 이런 원칙 위에서] 시민사회 이론을 정립했다." 이 원칙은 "비록 대부분이 받아들였지만, 그럼에도 불구하고 확실히 거짓이며, 인간 본성에 대한 너무도 얕은 생각에서 비롯된 오류다." 사람들이 사회 안에 모여 사는 이유를 좀 더 깊이 탐구해보면 "이는 자연적으로 일어나는 것이 아니라 우연히 혹은 의도적 계획에 의해 발생한다는 것을 쉽게 알 수 있을 것"이라고 홉스는 말합니다. 인간의 성향, 특히 욕망과 두려움은 사람이 함께 모여 산다는 사실과 다소 관계가 있지만, 실제로 정치적 신체를 수립하기 위해서는 우발적이지만 신중한 의지와 결정의 행위가 필요합니다.[3]

홉스는 다소 온건한 태도로 '수행상의 모순'을 인정합니다. 다시 말해 그의 논증은 사회적 맥락에서 진행되지만 그 맥락으로부터 추상화되거나 거리를 두고 있는 것입니다. 심지어 그는 인간이 '선천적으로 사회에 적합하다'는 것을 부정하는 '장애물'을 논증의 '문턱'에 배치한 전략은 '놀랄 정도로 어리석은 짓'이라고 말합니다. 이 지점에서 홉스는 교묘하게 중점을 이동합니다. 인간의 '사회적 본성'이 아니라 전前 사회적이고 분리된 개인의 본성 혹은 특성을 강조합니다. 그러고는 개인 행위의 원천을 쾌락과 고통에서 찾습니다. 다시 말해 개인의 이익이나

3 Thomas Hobbes, *De Cive or The Citizen*, ed. with introduction by Sterling P. Lamprecht (New York: Appleton-Century-Crofts, 1949) [『시민론』, 이준호 옮김, 서광사, 2013], pp. 21-22.

편의를 위한 노력과 뒤따르는 결과에 대한 두려움이 행위의 근원이라는 것입니다. 개인의 이득이나 실리의 끊임없는 추구로 인간은 결국 갈등과 폭력적 충돌에 빠집니다. 홉스는 이를 '자연 상태'라고 부르면서 아리스토텔레스의 모든 전통에 도전합니다. 그러한 갈등이 비명횡사로 이어질지도 모른다는 두려움 때문에 인간은 의도적이고 합리적으로 계획된 합의나 계약을 통해 사회로 돌아갑니다. 홉스는 반전통적인 언어로 단호하게 말합니다. 인간은 "선천적으로 사회 자체를 위해 사회를 추구하지 않는다." 인간에게 사회적 삶은 내재적인 선이 아니라는 의미입니다. 오히려 인간은 외재적인 목적으로 사회를 추구합니다. '사회로부터 명예나 이익을 얻고자' 한다는 것입니다. 따라서 '우리가 일차적으로 원하는 것'은 명예와 이익입니다. 사회적 삶은 '이차적'일 뿐입니다. 하지만 이익을 얻기 위한 분투가 규제되지 않는다면, 사회적 조화가 아닌 '만인의 만인에 대한 투쟁'이 초래됩니다. 이것이 두려움의 근원입니다. "그러므로 오래 지속된 모든 위대한 사회의 근본[원동력]은 인간 상호 간의 선한 의지가 아니라 상호 간의 두려움에 있었다고 설명해야[결론지어야] 한다."[4]

사회적, 정치적 삶을 이루게 된 동기는 『리바이어던』에서 보다 진전되고 더욱 분명하게 구체화됩니다. 홉스는 이 책의 제1부를 '인간' 혹은 인간 본성의 연구에 할애합니다. 특히 '정념'이라고 부르는 자발적 운동의 '내적인 시작'을 다룹니다. 여기서

---

4 *De Cive*, pp. 21(note), 22, 24.

홉스는 정념을 욕망 또는 욕구, 그리고 두려움 또는 혐오로 나누는 기본적 구분을 재차 확인합니다. 전자는 '욕망을 불러일으키는 어떤 것을 향한' 운동을 의미합니다. 후자는 '어떤 것을 피하는 형태'의 운동을 뜻합니다. 다음 단계에서 이 구분은 인간을 사회로 이끌고 정치적 신체의 형성으로 추동하는 원동력으로 제시됩니다. 인간의 욕망에 한계가 있다면 충동은 무시할 수 있습니다. 하지만 사실은 그렇지 않습니다. "나는 모든 인간의 일반적 성향, 다시 말해 끊임없이 쉬지 않고 치솟는 나머지 죽어야만 멈추는 권력욕을 말하는 것이다." 끝없는 경쟁, 자신감 결여, 명예의 추구에서 보이는 욕망의 멈추지 않는 운동은 잘 알려진 바대로 폭력적 충돌로 귀결됩니다. "이로써 다음과 같은 사실이 명백해진다. 경외심을 불러일으키는 공통의 권력이 없을 때[다시 말해 자연 상태에서] 인간은 전쟁이라고 부르는 상황에 놓인다. 그러한 전쟁은 만인의 만인에 대한 투쟁이다." 홉스는 투쟁 상황을 냉혹한 언어와 생생한 이미지로 묘사합니다. 이런 이미지는 영국 내전을 직접 체험한 데서 비롯된 것으로 보입니다. '산업 지대'도, '경작'도, '이동 수단'도, '예술, 학문, 사회'도 없는 상황입니다. 최악은 "비명횡사에 대한 두려움과 위험 요소가 상존하는" 것입니다. 투쟁 상태에 빠진 인간은 공포로 말미암아 마침내 더 나은 제도가 틀림없이 가능할 것이라고 깨닫습니다. 이런 통찰은 비명횡사에 대한 두려움과 더 '인간적인 삶'에 대한 욕망으로 뒷받침되고, 결국 인간은 평화를 가져오기 위해 계약을 통한 합의에 이릅니다. 계약을 맺은 사람들은 자신들이 마음껏 누렸던 무제한적 자유를 포기하는 데 서로 동의합니다. 다시 말해 "모든 것에 대한 자신들의 권리를 내려놓기로" 합의합니다. 이와 동시에 계약의 규정을 집행할 수 있는 최고 혹은 '절대' 권력에 권리를 양도합니다.[5]

최고 권력의 설립과 더불어 새로운 신체가 등장합니다. 바로 국가입니다. 홉스는 이 인공물 혹은 인위적 신체를 바로크풍의 언어를 생생히 사용해 '리바이어던'이라고 부릅니다. 책의 서론에서 홉스는 다음과 같이 말합니다. "(신이 세계를 창조해 다스리는 행위인) 자연은 인간의 기술에 의해 모방된다. 다른 많은 경우와 마찬가지로 기술은 인위적 동물도 만들 수 있다." 이런 '기술' 혹은 기능은 '자동 장치'와 여러 종류의 엔진에서 나타납니다. 하지만 기술은 훨씬 더 나아갑니다. 다시 말해 "자연의 작품 중 이성적이고 가장 뛰어난 인간을 모방하는" 데 이릅니다. "공화국 혹은 국가라고 부르는 거대한 리바이어던이 기술에 의해 창조된다. 리바이어던은 자연적 인간의 보호와 방어를 위한 것으로, 인간보다 더 크고 힘이 세지만 일종의 인위적 인간이다." 그리고 "주권은 전신에 생명과 움직임을 부여하는 인위적 영혼이다." 홉스는 '국가'를 다루는 부분에서 다음 사실을 분명히 밝힙니다. 정치적 신체를 뒷받침하는 계약은 동물의 세계에서 볼 수 있는 조화로운 질서에 불과한 것이 아닙니다. 계약은 통합된 '인위적' 구조 혹은 신체를 세웁니다. 신체를 통합하는 것은 최고의 공통 권력입니다. 이 권력은 동정이

---

5 Thomas Hobbes, *Leviathan: Or the Matter, Form, and Power of a Commonwealth, Ecclesiastical and Civil*, with introduction by A. D. Lindsay (London: Dent & Sons, 1953) [『리바이어던 1, 2』, 진석용 옮김, 나남, 2008], chapter 6, p. 23; chapter 11, p. 49; chapter 13, pp. 64–66; chapter 14, p. 67.

나 단순한 선의가 아니라 의지 또는 의지력에 기초합니다. 홉스는 다음과 같이 말합니다. "공통의 권력을 세울 수 있는 유일한 방법은,"

> … [계약을 맺은] 사람의 모든 권력과 힘을 한 사람 혹은 하나의 회의체에 양도하는 것이다. 회의체는 다수의 목소리를 통해 사람들의 모든 의지를 하나의 의지로 축소한다. 다시 말해 한 사람이나 회의체를 지정해 자신의 신체를 맡기는 것이다 … 그리고 자신의 의지를 그의 의지에, 자신의 판단을 그의 판단에 맡기는 것이다. 이는 동의나 조화를 넘어선다. 만인이 만인과 맺는 계약에 의해 모든 사람이 하나의 동일한 사람 안에서 실제로 결합하는 것이다.[6]

이 같은 이론 구성의 형이상학적이고 심지어 신학적인 전제는 불확실하지 않습니다. 구축된 체계 뒤에는 신의 전능이라는 이미지가 있습니다. 칼 슈미트Carl Schmitt가 올바르게 지적한 것처럼, 여기서 신은 통찰력, 사랑, 연민보다는 최고 의지에 의해 특징지어집니다. 최고 의지의 힘은 정치적 주권자에게 이양됩니다. 그리고 자신의 권력이나 무한한 자유를 주권자에게 양도함으로써 체계를 구축하는 시민에게도 부수적으로 이양됩니다. 홉스는 계속해서 다음과 같이 말합니다. "거대한 리바이어던 혹은 더 경건하게 말하면 유한한 신은 이런 식으로 생겨난다. 우리가 불멸의 신의 가호 아래 평화를 누리고 자신을 방어

6 *Leviathan*, p. 1; chapter 17, p. 89.

할 수 있는 것은 유한한 신 덕분이다." "국가의 모든 구성원이" 부여한 권위로써 주권자는 "자신에게 양도된 권력과 힘을 사용한다. 주권자는 두려움을 불러일으키며 모든 의지를 하나로 형성할 수 있다."[7] 스피노자Baruch Spinoza의 표현을 빌려 말하면, 주권자는 신의 전능에서 유래한 최고의 능산적能産的 자연을 구현합니다. 이러한 능력을 통해 주권자는 시민을 단순한 '피지배자(소산적所産的 자연)'로 격하합니다. 피지배자들은 자신의 의지를 주권자의 의지로 넘겨주고 주권자가 제 기능을 다하지 못할 경우 자신들의 자유를 보유하기 때문에, 능산적 자연의 일부가 피지배자들에게 남아 있기는 하지만 말입니다. 과거의 철학적, 신학적 전통에서 벗어나 이같이 기능을 구분한 추동력은 지혜나 실천적 덕목이 아닌 의지력입니다. 이런 능력은 국가 혹은 공화국으로 부르는 인위적 신체의 구성과 그것의 가능한 해체에서 가장 잘 드러납니다.[8]

기술의 구성에 관한 홉스의 정식은 적어도 프랑스 대혁명까지는 정치계의 지배적인 혹은 표준적인 모형이었습니다. 홉스

---

7 *Leviathan*, chapter 17, pp. 89–90. Carl Schmitt, *Political Theology: Four Chapters on the Concept of Sovereignty*, trans. George Schwab (Cambridge, MA: MIT Press, 1985) [『정치신학』, 김향 옮김, 그린비, 2010], pp. 5, 36–37과 비교. 또한 나의 "The Secular and the Sacred: Whither Political Theology?" in *Integral Pluralism: Beyond Culture Wars* (Lexington, KY: University Press of Kentucky, 2010), pp. 45–66 참조.

8 다소 다른 의미에서, 능산과 소산 사이에 놓인 인간의 양면적 지위는, 홉스가 *De Cive*의 헌사에서 인정한 두 개의 격언인 '인간은 인간에게 신이다'와 '인간은 인간에게 늑대다'에서도 드러난다. "공정히 말해 두 격언은 정말 맞는 말이다. 인간에게 인간은 신과 같고, 인간에게 인간은 잘못된 늑대다. 첫 번째 격언은 시민을 보면 알 수 있고, 두 번째 격언은 도시를 보면 알 수 있다. 한편으로는 신성, 다시 말해 평화의 쌍둥이 자매인 정의 및 자비와 유사하다는 비유가 있다. 하지만 다른 한편으로 좋은 인간은 전쟁의 두 딸인 사기와 폭력, 다시 말해 잔혹한 강탈에서 벗어나 피난처로 대피함으로써 자신을 방어해야 한다." *De Cive*, pp. 1–2 참조.

의 설계가 지닌 엄격성을 수정하거나 완화하려는 시도가 거듭되긴 했지만 말입니다. 특히 『통치론Two Treatises of Government』에서 보여준 존 로크의 시도가 주목할 만합니다. 로크는 근대 서구 '자유주의'의 창시자로 불리곤 합니다. 그는 타협적인 방식으로 아리스토텔레스의 일부 유산과 홉스의 인위적 산물을 결합했습니다. 그럼에도 아리스토텔레스 유산과의 근본적인 단절을 숨기기는 아주 어려웠습니다. 홉스와 마찬가지로 로크는 최초의 전前 사회적인 '자연 상태'를 전제로 논의를 시작했습니다. 자연 상태를 이루는 독립된 개인은 자신의 이익을 추구할 수 있는 완전한 자유를 부여받았습니다. 그의 말에 따르면, 인간의 '사언적' 상태는 "자신에게 적합한 방식으로 … 허가를 구하거나 다른 사람의 의지에 의존하지 않으면서 자신의 행위를 규율하고 자신의 소유물과 신체를 처리할 수 있는 완전한 자유의 상태"입니다. 로크는 아리스토텔레스 혹은 '현명한' 영국 성공회 성직자인 후커Richard Hooker의 영향을 받아, 최초 상태에서 인간이 누리는 완전한 자유가 '자연법의 범위' 내에 있다고 주장했습니다. 따라서 분명히 어느 정도의 사교적 관계를 수반합니다. 하지만 로크의 『통치론』은 다시 한 번 홉스의 편에 서서 다음의 사실에 동의합니다. "자연 상태에서 자연법의 집행은 모든 사람의 수중에 놓여 있다. 그래서 모든 사람은 자연법의 위반을 막는 한도 내에서 위반자를 처벌할 수 있는 권리를 갖고 있다." 자연법의 개인적 집행은 인간의 이익에 의해 혼란스러워질 수도 있지만, 흥미롭게도 심각한 갈등이나 분쟁을 일으키지 않습니다. 그리고 '적대와 파괴의 상태'인 홉스의 투쟁 상태를 유발하지 않습니다. 사실 로크의 『통치론』은 "일부 저자들이 혼동하기도 했지만, 자연 상태와 투쟁 상태는 명백히 다르다"고 분명하게 밝힙니다.[9]

이런 전제에 근거를 둔 이후의 논의는 마찬가지로 양면적입니다. 로크에 따르면, 자연 상태에서 문명 상태로, 그리고 정치적 신체의 구성으로 이행하는 것은 극도의 두려움, 특히 비명횡사에 대한 두려움이 아니라, 최초 상태의 결함이나 '폐단'이 지속되는 것에 의해 유발됩니다. 그는 다음과 같이 말합니다. "시민 정부는 자연 상태의 폐단을 없애는 해결책이다. 자신의 사건을 자신이 재판할 수도 있는 곳에서 폐단은 틀림없이 막대할 것이다. 형제에게 해를 입힐 정도로 올바르지 않은 사람이 그것과 관련해 자신에게 유죄를 내릴 정도로 공정하기 힘들다는 것은 쉽게 짐작할 수 있기 때문이다." 따라서 인간은 두려움이 아니라 안락과 사회성에 대한 욕망에 의해 더 온건하게 사회적 삶으로 이동합니다. 하지만 그러한 이동은 계약이나 신중한 설계를 통해 이뤄집니다. 로크는 다음과 같이 말합니다. "우리 안의[다시 말해 최초 상태의] 결점과 단점을 보완하기 위해 … 우리는 다른 사람과의 교감과 제휴를 자연스럽게 추구

---

9 John Locke, *Two Treatises of Civil Government*, with introduction by W. S. Carpenter (London: Dent & Sons, 1953) [『통치론』, 강정인·문지영 옮김, 까치, 2007], Book 2, chapter 2, par. 1, p. 118; par. 7, p. 120; chapter 3, par. 19, p. 126. 자연법의 개인적 집행이 비명횡사를 초래한다고 인정한 로크를 보면, 홉스식의 전쟁을 유보한 것은 더욱 이해하기 힘들다. "완전한 자유와 자연법상의 모든 권리 및 특권을 세상의 다른 이들과 동등하게 제한 없이 누릴 수 있는 자격을 갖고 태어난 … 인간은 선천적으로 자신의 재산, 다시 말해 생명, 자유, 자산을 타인의 침해와 탈취에 맞서 보호할 뿐만 아니라 그런 법률을 위반한 타인을 심판하고 처벌할 수 있는 힘을 갖고 있다. 죄질이 무거우면 심지어 사형에 처해야 마땅하다고 확신하는 경우도 있다." chapter 7, par. 87, pp. 158–159 참조.

한다." 이는 사람들의 '동의'에 의해서만 일어날 수 있으며, 그를 통해 "사람들은 자신을 정치사회의 구성원으로 만든다." 계약의 실제 성격과 그에 따른 국가의 구성은 홉스의 모형과 크게 다르지 않습니다. 개인의 의지들이 모여 새로운 최고 의지가 만들어집니다. "많은 사람이 한 사회에 결집해 자연법의 집행권을 포기하고 국가에 양도하는 곳에는, 혹은 그러한 곳에만 정치사회나 시민사회가 존재한다." 이런 사회에는 "하나의 최고 정부 아래 하나의 사람, 하나의 정치적 신체"가 있습니다. 그러한 이동과 더불어 최초의 '자연 상태'는 사라지며 '국가'를 위한 공간이 만들어집니다. 국가는 "모든 논란을 해결하고 국가 구성원의 피해를 보상할 수 있는 권위를 가진 재판관을 세상에" 세웁니다.[10]

홍미롭게도 로크의 『통치론』은 홉스의 투쟁 상태를 부정하는 것 외에 또 다른 양면성을 갖고 있습니다. 끝나버린 자연 상태가 국가에서 지속된다는 서로 상반된 주장을 제기하는 것입니다. 정치적 신체의 수립으로 최초 상태가 종결되면서 "사람들은 자연 상태를 벗어나 국가 상태로 들어간다"고 로크는 인정합니다. 하지만 '정치적 사회의 시작'에 대한 장에서 그런 인정을 거의 뒤엎습니다. 다음의 유명한 구절에 그에 관한 이야기가 나옵니다. "소유 재산을 안전하게 향유하고 외부에 맞서 공동체를 더욱 안전하게 지키면서, 편안하고 안전하고 평화로운 서로의 삶을 누리기 위해 다른 사람과 함께 공동체에서 하

10 *Two Treatises of Civil Government*, Book 2, chapter 2, par. 13, p. 123; par. 15, p. 124; chapter 7, par. 89, p. 160.

나가 되기로 [각자] 합의함으로써" 정치적 사회가 시작됩니다. 여기서 중요한 부분은 '소유 재산을 안전하게 향유한다'는 것입니다. 인간이 "자신의 소유물, 다시 말해 생명과 자유, 재산을 지킬 수 있고" 소유물이 피해를 입지 않도록 어떻게든 막아낼 수 있는 권한을 선천적으로 갖고 있는 것은 자연 상태임에도 불구하고, 이러한 최초의 권한은 정치적 신체가 형성돼도 약화되지 않은 것처럼 보입니다. 로크의 저서에서 가장 치명적인 측면은 소유의 '선천성', 그리고 국가 내에서 누구의 방해도 받지 않고 소유를 유지하는 점일 것입니다. 다시 말해 그는 실질적인 사적 소유와 법률상의 공적 소유를 동등하게 다룹니다. 홉스라면 이를 절대 받아들이지 않을 것입니다. 소유의 선천성은 『통치론』에서 이른바 '노동가치설'을 다루는 부분에 나와 있습니다. "대지와 모든 열등한 피조물은 모든 인간의 공유물이지만, 모든 인간은 자신의 '신체'에 대한 소유권을 갖고 있다 … 인간 신체의 '노동'과 인간 손의 '작업'은 당연히 그의 것이라고 말할 수 있다." 더 구체적으로 말하면, "자연이 제공하고 남겨놓은 상태로부터 인간이 떼어내는 것이 무엇이든지 간에, 그는 자신의 노동과 그것을 혼합하고 자신만의 그 무엇을 그것에 결합한다. 이렇게 함으로써 그것은 그의 [독점적인] 소유물이 된다." 잘 알려져 있듯이, 로크의 『통치론』은 사적 재산의 무한정한 축적을 옹호하지 않는다는 점에서 높은 평가를 받습니다. 로크는 오히려 농업 사회의 생활을 반영하면서 '부패' 개념을 덧붙입니다. "누구든지 썩기 전에 쓸 수 있는 만큼만 사용하며 생활하고 자신의 노동으로 그만큼의 재산만 마련한다."[11]

하나의 이론이자 영향력 있는 정치 이데올로기로 간주되는 로크의 '자유주의'는 항상 양면성을 갖고 있었습니다. 그것은 자연과 인공, 그리고 무한정한 선천적 자유와 정치적 신체 사이의 긴장 혹은 모순입니다. 이런 모순은 로크의 시대 이후에 일어난 발전, 다시 말해 농업 사회에서 산업 사회로의 점진적 변화, 물물교환을 대체한 시장, 농산물의 우위를 대체한 화폐, 그리고 이에 따른 '부패' 문제의 해결 등으로 심화됐습니다. 그러한 발전 과정에서 '자유주의적' 서구 사회는 갈수록 갈등적이고 모순적인 신체를 드러냈습니다. 이 신체는 축적을 향한 무한정한 욕망과 손실에 대한 두려움 사이에서, 그리고 의지의 사적인 자유와 외부의 제약 사이에서 옴짝달싹하지 못합니다. '정치적 신체'의 측면에서는, 부자가 가난한 자를 지배하는 급진적인 자유방임주의 체제와 '안전 국가'로 불리는 홉스의 리바이어던 사이에서 갈피를 못 잡습니다. 그리고 유사시에는 항상 홉스 쪽으로 기울어집니다.

장 자크 루소Jean-Jacques Rousseau는 『사회계약론The Social Contract』에서 이러한 근본적 긴장을 인식하고 이를 제거하기 위해 노력했습니다. 루소는 책의 서두에서 다음과 같이 말합니다. "인간은 자유롭게 태어났다. 하지만 어디에서나 인간은 사슬에 묶여 있다 … 어떻게 이런 변화가 일어났을까? 나는 모르겠다. 무엇이 이를 정당화할 수 있을까? 이 질문은 내가 해결할 수 있을

11 *Two Treatises of Civil Government*, Book 2, chapter 5, par. 26, p. 130; par. 30, p. 131; chapter 7, par. 89, p. 160; chapter 8, par. 95, p. 164.

것 같다." 홉스 및 로크와 더불어 루소는 자유의 본래적인 조건에서 출발합니다. 여기서 모든 개인은 자기 보존을 책임집니다. 로크의 경우와 마찬가지로, 이 상태의 위험과 불편으로 인해 개인들은 사회계약에 참여합니다. "공동체 전체의 힘으로 모든 구성원의 신체와 재산을 보호하고 방어하는 일종의 연합, 그리고 합쳐져 있음에도 불구하고 각자가 자신에게만 복종하고 전과 다름없이 자유롭게 남아 있는 연합"을, 로크처럼 만드는 것이 그 목적입니다. 루소는 후자의 연합을 위해 홉스의 주권 개념에 의지합니다. 후자의 연합은 한 명의 통치자가 아니라, '일반의지'를 구현하는 모든 구성원의 집단성에 맡겨집니다. 이를 통해 로크의 자유주의는 '국민의 공화국' 혹은 국민의 리바이어던 쪽으로 전환됩니다.[12]

실증주의와 자연주의

사회계약에 의해 수립된 인공물인 정치적 신체는 근대 서구 정치사상의 대표적인 정식입니다. 그 효과는 창시자들이 죽은 뒤

12 Jean-Jacques Rousseau, *The Social Contract and Discourse on the Origin of Inequality*, ed. with introduction by Lester G. Crocker (New York: Pocket Books, 1967) [『사회계약론』, 이환 옮김, 서울대학교출판부, 1999], Book 1, chapter 1, p. 7; chapter 6, pp. 17–18 참조. 루소에 따르면(chapter 6, p. 19), "모든 개별 구성원의 결합으로 형성된 공적 인간은 예전에는 도시로 불렸고 지금은 공화국 혹은 정치적 신체로 불린다. 구성원은 정치적 신체가 수동적일 때는 국가, 능동적일 때는 주권자, 유사한 신체와 비교될 때는 권력이라고 부른다." 구성원의 역할과 관련해서도 능동과 수동(능산과 소산)을 구분한다. "구성원은 집합적으로 국민이라고 불린다. 그리고 개별적으로는 주권에 참여할 때 시민, 국가의 법에 복종할 때 신민이라고 불린다." 주권자로서의 '일반의지'에 관해서는 다음의 설명과 비교(Book 4, chapter 1, p. 109). "결합된 많은 사람이 하나의 신체로 간주되는 한, 그들은 공동 보호 및 일반 복리와 관련된 단 하나의 의지만 갖는다."

에도 오랫동안 지속됐습니다. 급격한 변화나 재정식화가 뒤따르지 않았다는 이야기가 아닙니다. 그러한 시도들로 인해 정치적 신체라는 모형은 하나의 잔여 자원으로 격하되면서 뒷전으로 밀려났습니다. 특히 명성이 실추된 것은 '자연 상태' 개념이었습니다. 완전한 자유의 무대인 자연 상태는 사회계약이라는 구성적 장치와 연결됩니다. 이러한 아이디어는 실제 상황이 아닌 가설적 전제로 창시자들에 의해 다뤄졌습니다. 그럼에도 불구하고 19세기의 경험과학 성향과 충돌할 가능성이 컸습니다. 경험과학 추종자들의 주된 불만은 바로크 시대와 계몽주의 시대로부터 유래돼 좀처럼 사라지지 않는 '형이상학적' 흔적이었습니다. 인간의 합리적 자율성과 자연스러운 구성적 혹은 공학적 능력을 강조하는 경향이 남아 있었던 것입니다. 경험주의적 공리주의자뿐만 아니라 자연과학자들은 '기계 속 유령' 같은 이 모든 흔적을 인과적 설명의 엄격한 적용으로 쫓아낼 수 있었습니다. 제러미 벤담Jeremy Bentham의 유명한 말을 따르면, 자연권으로 가득 찬 '자연 상태'라는 관념은 "죽마를 탄 수사적 난센스"일 뿐이었습니다. 죽마가 제거되자 세상사의 근본적인 메커니즘이 모습을 드러냈습니다. 그것은 쾌락과 고통, 욕망과 두려움의 메커니즘입니다. 한편 이 메커니즘은 자연적 신체와 인위적 혹은 정치적 신체를 둘 다 지배합니다.[13]

19세기 과학 시대의 정신은 특히 '실증주의'라는 운동 혹은

13 Jeremy Bentham, "Anarchical Fallacies: A Critical Examination of the Declaration of Rights," in *The Works of Jeremy Bentham* (Edinburgh: W. Tait, 1839), vol. 2, pp. 500–501 참조.

경희대 'Peace BAR Festival 2011' 국제 학술회의에서 강연하는 달마이어 교수.

성향이 이끌었습니다. 실증주의는 모든 형이상학적 혹은 합리주의적 전제를 배제하고 실증적이고 경험적인 지식을 강조합니다. 어느 저명한 학자는, 실증주의가 "자연과학을 중시하는 철학적 경향으로, 방법의 응용과 결과의 확장을 통해 자연현상과 인간세계에 대한 통일적 관점을 추구했고, 이로써 자연과학은 근대 세계에서 타의 추종을 불허하는 위치에 올라섰다"고 합니다. 실증주의 운동의 목표는 경험주의적 방법의 보편적 승리였습니다. 오로지 경험주의적 방법만이 "경험을 초월하지 않고 탐구로 발견하는 관계와 동일성뿐만 아니라 직접적인 지각에 의한 사실과 실재"라는 '실증적인' 지식을 제공할 수 있습니다.[14] 누구나 인정하는 것처럼, 실증주의 운동을 이끈 사

14 Guido de Ruggiero, "Positivism," in *Encyclopaedia of the Social Sciences* (New York: Macmillan, 1932), vol. 6, p. 54.

람은 오귀스트 콩트Auguste Comte였습니다. 그는 『실증 정치학 체계System of Positive Polity』와 『실증주의 교리문답The Catechism of Positive Religion』으로 명성을 얻었습니다. 이들 저서 및 관련 저서에서 콩트는 새로운 학문 혹은 과학을 발전시켰습니다. 처음에 그는 이 학문에 '사회물리학'이란 이름을 붙였다가 나중에는 간단히 '사회학'이라고 불렀습니다. 이 새로운 과학에는 '사회정태학'과 '사회동태학'의 두 분야가 포함됐습니다. 전자는 현존하는 실천, 관습, 사상의 네트워크를 다루는 반면, 후자는 신학, 형이상학, 과학의 세 단계를 거치며 발전하거나 진화하는 사회를 고찰합니다. 콩트에 따르면, 첫 번째 단계를 극복한 계몽주의 시대의 특징은 '자연 상태', '자연권', '사회계약', '국민주권' 같은 '허구'의 발명이었습니다. 하지만 새롭게 등장한 시대는 지식을 옹호하면서 그런 허구의 삭제를 예고했습니다. "참된 실증적 정신은 현상의 이른바 [숨겨진] 원인 대신 현상의 불변의 법칙을 연구하는 데 있다. 한마디로 말해 '왜' 대신 '어떻게'를 연구하는 데 있다."[15]

진화의 영역에서 실증주의적이고 과학적인 계획은 생물학자 찰스 다윈Charles Robert Darwin이 수행했습니다. 그의 『종의 기원On the Origin of Species』은 자연계에서 생물이 발전하는 원인이 어떤 의도적 설계나 목적론적 의지가 아니라 '자연선택'의 과

---

15 Auguste Comte, *A General View of Positivism*, trans. J. H. Bridges (New York: R. Speller & Sons, 1957) [『실증주의 서설』, 김점석 옮김, 한길사, 2001], p. 49. 또한 콩트의 *System of Positive Polity*, 4 vols. (London: Longman, Green & Co., 1875–1877) 및 *The Catechism of Positive Religion*, trans. Richard Congreve (London: J. Chapman, 1858) 참조.

정이라고 밝혔습니다. 자연선택 과정에서는 더 잘 '적응한' 종이 더 약한 생물의 희생을 대가로 발전합니다. 다윈의 아이디어는 처음에는 생물학적 영역에 한정돼 있었지만, 얼마 안 있어 사회적, 정치적 무대로 옮아갔습니다. 이에 따라 '생존을 위한 사회적 투쟁'과 '[사회적] 적자생존' 같은 논리가 나타났습니다. 이러한 응용은 주로 영국의 이론가 허버트 스펜서Herbert Spencer가 수행했습니다. 그는 『사회정태학Social Statics』과 『제1원리First Principles』 같은 책에서 진화를 분화와 재조정의 복잡한 과정으로 설명했습니다. 또한 의지가 없는 준기계적인 과정으로, 물리학에서 정치학까지 두루 적용할 수 있다고 했습니다. 스펜서는 다음과 같이 말합니다. "진화는 물질의 통합이며 그에 수반하는 운동의 분산이다." "물질은 비교적 불명확하고 일관성 없는 동질성으로부터 비교적 명확하고 일관성 있는 이질성으로 나아간다." 그리고 "보유한 운동은 유사한 변화를 겪는다." 진화적 발전을 가급적 방해하지 않고 사회적 적자생존을 촉진하기 위해 스펜서는 정부 개입의 최소화를 지지했습니다. 이는 최소의 정부가 최상의 정부라는 '자유주의적(자유방임주의적)' 원칙과 대체로 일치합니다. 동기부여의 수준에서 그의 연구는 쾌락과 고통의 원칙을 물리학에서 사회적 삶까지 두루 받아들였습니다. 쾌락의 감각은 생존을 촉진하는 행위를 수반하고 고통의 감각은 생존에 해로운 행위를 수반한다는 의미에서 그 원칙을 지지했습니다.[16]

---

16 Herbert Spencer, *First Principles* (New York: A. L. Burt, 1880), p. 407 및 스펜서의 *Social Statics* (New York: D. Appleton, 1892) 참조. 정치학 분야에서 스펜서의 '자유방임적'

쾌락과 고통의 원칙과 관련해 스펜서는 당시 잘 확립돼 있던 심리학 이론에 의존할 수 있었습니다. 그것은 바로 제러미 벤담에 의해 주로 표명된 '공리주의'였습니다. 벤담은 이른바 '공리주의 계산법'을 정식화하면서 바로크 및 계몽주의 시대 사상가들로부터 영감을 얻었습니다. 이들 사상가는 완전한 이론을 제시하지는 않았지만, 쾌락과 고통이 인간의 사적인 삶과 공적인 삶에서 그 행위를 지배하는 원동력으로 중심 역할을 한다고 강조했습니다.[17] 유명한 『도덕과 입법의 원칙에 대한 서론 An Introduction to the Principles of Morals and Legislation』에서 벤담은 자신의 기본 전제를 다음과 같이 분명하게 언급했습니다. "자연은 인류를 두 최고 통치자의 지배 아래 두었다. 바로 고통과 쾌락이다. 우리가 할 일을 결정할 뿐만 아니라 해야 할 일을 알려주는 것은 이 둘뿐이다." 그는 쾌락과 고통이 '옳고 그름의 기준'을 우리에게 제공하는 감각이라고 덧붙였습니다. 한편 자연은 이들 감각을 '일련의 원인과 결과'에 고정합니다. '공리' 원칙은 감각의 계산법 및 원인과 결과의 메커니즘에 단서를 제공하는 정식입니다. 앞서 말한 것처럼 벤담은 자연 상태, 자연권, 자연적 정의 같은 계몽주의 시대의 관념을 고려하지 않았습니다. '선'

자유주의는 주로 그의 *The Man Versus the State* (Caldwell, ID: Caxton, 1940) [『개인 대 국가』, 이상률 옮김, 이책, 2014]에서 제시됐다. 이 글은 이익의 사적인 축적을 옹호하는 자유주의적 반국가주의의 복음서나 다름없었다.

17 이와 관련해 선구적인 인물은 클로드 아드리앵 엘베시우스였다. 벤담은 '최대 다수의 최대 행복' 원리를 처음으로 언급한 사람이 엘베시우스라고 주장했다. 엘베시우스에 따르면, "인간 행위의 원천은 육체의 고통과 쾌락이다. 쾌락과 고통은 인간 행위의 유일한 원리이며 앞으로도 계속 그럴 것이다 … 육체의 쾌락과 고통은 [또한] 모든 통치의 유일하고 실제적인 원천이다." 엘베시우스의 *De l'Homme* (1773), trans. by W. Hooper as *A Treatise on Man* (New York: B. Franklin, 1969), vol. 1, p. 3 참조.

으로 간주돼야 하는 것은 쾌락 자체이고, '악'으로 간주돼야 하는 것은 고통 자체입니다. 정치적 방식의 측면에서 초기 공리주의는 스펜서의 자유방임주의 의제를 논했습니다. 공동선 혹은 '좋은 삶'이라는 관념을 멀리한 벤담에게 사회적 혹은 공적 삶은 개인의 사적 이익의 총합에 불과했습니다. 그 결과 정부의 역할은 기본적으로 바람직하지 못했고, 시민권의 영예는 정부로부터의 소극적 자유였습니다. "모든 법은 악하다. 모든 법은 자유를 침해하기 때문이다."[18]

사회적 집단주의를 옹호하는 성향을 비롯한 다른 경향들의 논박에도 불구하고, 실증주의와 공리주의는 19세기의 지배적 패러다임이 됐습니다. 그 분파들의 영향력은 최근까지 이어지고 있습니다. 저는 이들 분파를 되짚어보진 않겠습니다. 대신 그들이 '정치적 신체'에 미친 근본적 영향을 밝히고 싶습니다. 실증주의와 공리주의는 외적 혹은 외인적인 감각과 인과관계 메커니즘에 집중합니다. 이에 따라 기본적으로 정치적 신체를 이미 정해진 법을 따르는 파생물로 다룹니다. 다시 스피노자주의의 언어를 빌리면 다음과 같이 결론을 내릴 수 있습니다. '소산적 자연'이 전적으로 강조되는 반면 '능산적 자연'은 인식에서 배제돼 신비로 분류됩니다. 다시 말해 정치적 신체는 감각적이지만 윤리적 감각은 없는 자연적 유기체로 전락합니다. 두 차례 세계대전과 대량 살육의 반복 같은 20세기의 재앙으로 실

---

18 Jeremy Bentham, *An Introduction to the Principles of Morals and Legislation* (Oxford: Clarendon Press, 1876) [『도덕과 입법의 원칙에 대한 서론』, 강준호 옮김, 아카넷, 2013], pp. 3, 17–19, 102 및 벤담의 *Theory of Legislation* (Boston: Weeks–Jordan, 1840), vol. 1, p. 65 참조.

증주의의 패권은 약화됩니다. 이로 인해 현상학과 신칸트주의라는 새로운 지적 경향이 등장합니다. 계몽주의와 폭넓은 인문주의 유산을 옹호하는 흐름이 나타난 것입니다. 하지만 근대 서구 사상의 전반적 궤적을 보면, 이 새로운 사상의 고조는 처음부터 문제가 있었고, 비실증주의자는 형이상학적이거나 '관념론적인' 전제를 품고 있다고 비난하는 목소리에 의해 곧바로 쇠퇴했습니다. 자크 바준Jacques Barzun은 19세기의 발전과 관련해 다음과 같이 언급했습니다. 초기 실증주의 사상가 세대의 마음을 사로잡고 이들을 추동한 것은 "삶에 대한 설명에서 [내적] 생기론, 의지, 목적 혹은 의도를 제거하고 기계적인 물리적 원인으로 그것들을 대체하려는" 욕망이었다고 합니다.[19]

놀랍게도 혹은 그렇지 않을 수도 있겠지만, 이러한 경향을 따르는 주장은 구식 실증주의자들뿐만 아니라 유럽 철학의 더욱 새로운 추세에 은혜를 입은 몇몇 사상가들 사이에서도 찾아볼 수 있습니다. 특히 '포스트모던postmodern' 사상가로 불리는 사람들이 그 경우에 해당합니다. 물론 그들의 저작은 다양한 해석이 가능하지만 말입니다. 서로 다르고 광범위한 포스트모던 저작들을 이 자리에서 상세히 논의하진 않겠습니다. 그 대신 최근에 나온 『정치적 물리학Political Physics』이란 저서를 살펴보겠습니다. 제목을 보면 콩트의 '사회물리학'이 떠오릅니다. 이 책의 저자인 존 프로테비John Protevi는 대표적인 포스트모던 사상가인 자크 데리다Jacques Derrida와 질 들뢰즈Gilles Deleuze의 연

19 Jacques Barzun, *Darwin, Marx, Wagner: Critique of a Heritage* (Boston: Little, Brown, & Co., 1946), p. 69.

구에 초점을 맞춥니다. "정치적 신체라는 문제에 대한 그들의 접근법"을 살펴보는 것이 책의 목표라고 그는 말합니다. 프로테비의 목적에 비추어볼 때 두 사상가가 잘 선택된 것인지 아닌지는 해명하지 않고 넘어가겠습니다. 제 관심사는 해석상의 편향일 뿐입니다. 이 문제는 많이 공유되고 있는 것 같습니다. 두 사상가 가운데 데리다는 그다지 유용하지 않으며 기껏해야 '정치적 물리학'에 이르는 관문만 제공한다고 프로테비는 인정합니다. 그에 따르면, 데리다는 여러 가지 전통적 체계의 "자명성을 파괴하고" 있지만 "들뢰즈의 리비도libido적인 역사적 유물론의 급진성을 위한 길, 다시 말해 정치적 신체의 강력한 물질적 생산에 대한 경험적 연구를 이끌어가는 원칙만 제시할 수 있을" 뿐입니다. 데리다의 '해체'는 다음과 같은 측면에서 유효합니다. 해체는 "합리적이고 유의미한 기호 체계에 기반을 두고 있다고 자부하는 형이상학이나 현상학으로부터 … 무수한 힘과 [텍스트의] 의미에 새겨진 징표로 우리를 이동"시킬 수 있는 능력이 있습니다. 하지만 사회계약을 비롯한 형이상학적 전제를 해체하면 그의 정치적 신체는 "또 다른 불분명한('신비로운') 것"이 되고 맙니다. 따라서 그의 연구는 정치의 형이상학을 파괴함에도 불구하고, "[정치적] 텍스트와 거기서 형성된 물질적 신체를 살펴보기 위한 경험적 연구 프로그램을 우리에게 제공"할 수 없습니다.[20]

프로테비의 견해에 따르면, 들뢰즈의 연구는 데리다의 접

---

20 John Protevi, *Political Physics: Deleuze, Derrida and the Body Politic* (London and New York: Athlone Press, 2001), pp. 1–2, 4.

근법에 담겨 있는 잠재력을 실증적으로(혹은 실증주의적으로) 발휘합니다. 실증적으로 발휘한다는 것은 "강력한 정치적 신체에 대한 경험적 연구를 이끌어가는 원칙"을 드러낸다는 의미입니다. (미셸 푸코Michel Foucault가 사용한) '생명 관리 권력' 및 '미시 정치학' 개념과 어느 정도 유사한 들뢰즈의 분석은 "차이와 흐름을 기쁘게 포용하는 현대 글로벌 시스템의 섹터sectors"를 연구하기 위해 "현대 물리학과 생물학의 모든 능력"을 사용한다고 합니다. 프로테비에 따르면, 이 기획에서는 세 가지 주요 아이디어가 작동하고 있습니다. 그것은 바로 '강력한 신체'와 '반反질료형상론', '물질적 자기 질서'입니다. 중심 개념인 '강력한 신체'는 "화학적, 생물학적, 사회적 신체의 독특한 힘의 결합"을 가리킵니다. 그 자체로 힘의 성좌星座이며 따라서 "강력한 정치적 신체"입니다. '질료형상론'의 부정은 목적을 갖고 설계된 인공물(혹은 인위적 신체)의 거부를 의미합니다. 다시 말해 "설계자가 무질서한 질료에 형상을 부과하는 것"을 부정합니다. 마지막 개념인 '물질적 자기 질서'는 요소들의 내재적이고 비목적적인 결합을 가리킵니다. 이는 최근의 '복잡계 이론'과 일치합니다. 프로테비의 말에 따르면, 들뢰즈는 '기계 속 유령'을 쫓아버린 다음 기계의 다른 개념을 우리에게 남겨놓습니다. "체계의 실질적인 특이성에 내재한 자기 질서의 잠재력에 의해 착수되는 이질적 요소들의 구체적인 집합"이라는 개념입니다.[21] 급진성과 신실증주의적 용어의 표현 면에서 인상적임

21 *Political Physics*, pp. 2–3, 5, 7–10.

에도 불구하고, 『정치적 물리학』은 결국 독자를 당혹스럽게 만들 가능성이 큽니다. 기쁨과 고통을 느끼는 인간을 위한 공간이 그 모든 힘의 배열 속 어디에 있을까요? 인간은 스스로 추동하는 메커니즘 속의 (소산적인) 하찮은 요소에 불과할까요? 복잡계 이론은 정치권력의 변덕을 어떻게 다룰까요? '강력한 신체'는 부정, 부패, 억압, 고문으로부터 어떻게 우리를 보호할까요?

체화된 실천으로서의 정치

부정, 부패, 억압의 문제는 정치적 삶의 전면에 등장합니다. (과학적으로 정교한 것과 상관없이) 그 어떤 정치 이론도 이를 무시할 수 없습니다. 특히 우리 시대에는 말입니다. 우리 시대는 근대의 다른 어떤 시기보다 더욱 많은 부정, 억압, 부패에 시달렸습니다. 이런 병폐는 대혼란과 폭력적 잔혹 행위를 수반했습니다. 근대의 주요 세계관이나 이데올로기는 많든 적든 그러한 재앙에 원인을 제공했습니다. 근대 자유주의는 자유와 '자연권'을 중시하는 것으로 보이지만, 제국주의와 식민 지배에 번번이 연루됐습니다. '후진국' 주민에게 자유와 진보의 축복을 가져다주는 것을 구실로 삼으면서 말입니다. 자유주의의 분파인 자유방임주의가 부의 사적인 축적을 지지하자 사회는 부자와 빈자로 이분됐습니다. 그리고 소수의 부자가 다수의 빈자를 착취했습니다. 한편 이러한 분열을 바로잡으려고 애쓴 사회적 집단주의나 공동체주의는 또 다른 참사를 초래했습니다. 국가주의나 공산주의의 지원 아래 자행된 전체주의적 억압이 주된 재앙이었습니다. 자유주의와 사회주의에서 실증주의와 공리주의에 이르는 근대의 모든 세계관이 '실증적인' 과학과 기술적 자연 개발을 끝없이 추구하는 데 집착하면서 일련의 고통은 더욱 악화됐습니다. 이러한 궤적을 보면 핵무기로 인한 대참사 및 생태계 파괴라는 이중의 재앙이 떠오릅니다.

물론 이는 단순화되고 과장된 상황입니다. 방종과 개인 혹은 집단 이기주의에 맞서는 대항 운동이나 반대 경향은 근대 시기에 줄곧 등장했습니다. 눈에 띄는 대항 운동으로 스코틀랜드 도덕학파가 있었습니다. 프랜시스 허치슨에서 애덤 퍼거슨과 토머스 리드에 이르는 이 그룹은 동정심의 유발과 변화를 일으키는 교육의 기능으로 이기주의의 결점을 보완하고자 했습니다. 또 다른 반대 경향은 독일의 고전주의 문학(괴테Johann Wolfgang von Goethe, 실러Friedrich Schiller)과 철학(칸트, 헤겔, 셸링Friedrich Wilhelm Joseph Schelling)의 유행이었습니다. 이는 후에 (슐레겔Friedrich von Schlegel과 횔덜린Friedrich Hölderlin에서 워즈워스William Wordsworth와 셸리Percy Bysshe Shelley에 이르는) 낭만주의로 이어져오며 변화됐습니다.[22] 더욱 최근에는 미국의 실용주의(제임스William James, 듀이), 유럽의 현상학과 해석학(하이데거Martin Heidegger, 가다머, 메를로퐁티Maurice Merleau-Ponty), 그리고 아리스토텔레스적 '덕의 윤리학'의 전 세계적 부활(매킨타이어Alasdair MacIntyre, 두웨이밍Du Weiming)이 대항 관점을 위해 귀중한 원천

---

22 이들 반대 경향에 관해서는 나의 *Return to Nature?* 참조.

을 제공합니다.

이런 흐름의 합류점에는 정치의 의미, 특히 '정치적 신체'의 의미에 대한 재평가가 있습니다. 이들 흐름을 진지하게 고려해보면, 정치적 신체는 (국가의 영광, 경제적 부 혹은 안보 같은) 외재적이고 도구적인 목적을 위해 구축된 단순한 인공물로 더 이상 간주될 수 없습니다. 또한 정치적 신체는 '복잡성'에 의해 결합된 육체적 신경과 유리세포의 단순한 집합으로 간주될 수 없습니다. 정치적 신체는 정신적 관념으로 환원될 수는 없지만, 단순한 '리비도적' 신체 이상이기도 합니다. '리비도'가 전유와 자기만족에 대한 일방적 욕망을 뜻한다면 말입니다. 배려하고 보살피는 정서적 신체로 정치적 신체를 묘사하는 것이 더 적합한 표현일 것입니다. 이러한 정치적 신체에서는 모든 구성원이 도덕적 약속, 그리고 정의와 일상의 행복에 대한 헌신을 공유함으로써 서로 관계를 맺습니다.

이 같은 신체는 정치 공동체에 대한 아리스토텔레스의 논의에 포함됐습니다. 아리스토텔레스는 정치 공동체를 도덕적 실천의 장으로 다룹니다. 실천은 외재적 목표의 성취가 아니라 정치적 실천의 내재적 선에 초점을 둡니다. 인간을 책임감 있는 시민으로 형성하거나 바꾸는 것입니다. 아리스토텔레스가 윤리에 관한 저술에서 지적했듯이, 시민의 덕성은 단순히 타고난 성질이 아니라 인간의 다른 능력처럼 구체적인 공공 맥락에서 실천돼야 합니다. 피아노나 플루트 연주와 마찬가지로 실천은 그 안에 선이나 보상을 갖고 있습니다. 이 경우에는 공공의 행복과 평화의 성취가 선입니다. 따라서 덕은 '체화'돼야만 합니다. 기계나 이기적인 리비도 유기체 속에서가 아니라, 아리스토텔레스가 '시민적 우애'라고 부른, 즉각적으로 대응하는 정서적인 공동 신체 속에서 구현돼야만 합니다.[23]

공적 신체와 관련된 또 다른 귀중한 통찰은 몽테스키외Montesquieu의 『법의 정신The Spirit of the Laws』에서 유래합니다. 이 책에 따르면, 정치 사회나 공동체는 통상적으로 일련의 법과 규칙, 절차에 의해 유지됩니다. 하지만 결정적으로 중요한 것은 정태적인 규칙이 아닙니다. 이런 규칙을 뒷받침하는 역동적인 동기부여와 열망, 다시 말해 능산적 자연입니다. 몽테스키외는 이를 법의 '정신'이라고 불렀습니다. 공화국이나 민주국가의 경우에 몽테스키외는 중심 요소 혹은 애정 어린 실천의 필수 항목으로 '평등에 대한 사랑'을 꼽았습니다. 평등은 수적인 동일함이 아니라 존중하고 동정하는 질적인 결속을 의미합니다. 예전에 저는 현대 '민주국가'가 이런 필수 요소에서 얼마나 멀리 벗어나 있는지 지적한 바 있습니다. 질적인 결속을 논할 때 잊지 말아야 할 것이 스피노자의 연구입니다. 정치에 관한 스피노자의 저술은 능산적 자연과 소산적 자연을 밀접히 결합했습니다. 그는 능산적 자연이 구성원의 정서적, 윤리적 결속을 형성하며 그러한 결속 없이는 정치적 신체가 존속할 수 없다고

23 정치와 우애의 연관에 관해서는 예를 들어 John von Heyking and Richard Avramenko, eds., *Friendship and Politics: Essays in Political Thought* (Notre Dame, IN: University of Notre Dame Press, 2008); Jacques Derrida, *Politics of Friendship*, trans. George Collins (New York: Verso, 1997); 그리고 나의 "Distancing the Other: Jacques Derrida on Friendship," in *Achieving Our World: Toward a Global and Plural Democracy* (Lanham, MD: Rowman & Littlefield, 2001), pp. 147–170 참조.

강조합니다.[24]

최근의 사상가 가운데 메를로퐁티와 마르틴 하이데거의 저작에서 정서적인 정치적 신체를 어렴풋이 찾아볼 수 있는 것 같습니다. 메를로퐁티에게 인체는 결코 리비도의 충동으로 들끓는 고립된 가마솥이 아니었습니다. 자신과 타자, 동일과 차이, 낯익은 것과 낯선 것이 교차하는 곳을 조심스럽게 헤쳐나가는 '상호적인 신체'였습니다. 따라서 정치적 신체를 비롯해 신체란 것은 결코 완성된 산물이 아니라 항상 '생성하는' 신체였습니다. 형성과 변형의 과정을 경험하는 신체였습니다. 그의 사후에 출판된 『보이는 것과 보이지 않는 것The Visible and the Invisible』은 흥미롭게도 뒤얽힘과 그 가역성으로 특징지어진 세계의 '살flesh'을 이야기합니다. 그는 다음과 같이 말합니다. "'실증적인' 주체성으로서의 나도 없고 타자도 없다." 오히려 "무엇인가 발생하는 두 개의 동굴, 두 개의 열림, 두 개의 무대"가 있다고 합니다. 따라서 메를로퐁티에게 '살'은 객관적[물리적] 신체가 아니며 '코기토'에 의해 그 속성으로 가정되는 신체도 아닙니다. 오히려 살은 "감지하는 것과 우리가 감지하는 것의 이중적 의미에서" 관능 혹은 감각입니다.[25]

---

24 몽테스키외에 관해서는 나의 "Montesquieu's *Persian Letters*," in *In Search of the Good Life: A Pedagogy for Troubled Times* (Lexington, KY: University Press of Kentucky, 2007), pp. 95–115 참조. 스피노자에 관해서는 나의 "Nature and Divine Substance: Spinoza," in *Return to Nature?* pp. 11–32 참조.

25 Maurice Merleau-Ponty, *The Visible and the Invisible* (followed by Working Notes), ed. Claude Lefort, trans. Alphonso Lingis (Evanston, IL: Northwestern University Press, 1968) [『보이는 것과 보이지 않는 것』, 남수인·최의영 옮김, 동문선, 2004], pp. 259, 263. 또한 나의 "Nature and Life-World: Merleau-Ponty," in *Return to Nature?* pp. 96–116 및 James R. Mensch, *Embodiments: From the Body to the Body Politic* (Evanston,

하이데거의 저작에서도 유사성을 찾아볼 수 있습니다. (아리스토텔레스에게서 빌려온) 그의 중심 개념인 '존재'가 추상적인 범주, 명사가 아니라 동사로 간주된다면 말입니다. 존재는 항상 '생성'입니다. 생성은 모든 존재가 존재할 수 있게 하는('놓아두는') 힘(혹은 능산적 자연)입니다. 이와 같은 방식으로 현존재 혹은 '세계 내 존재'는 생성 혹은 형성을 끊임없이 겪습니다. 또한 이 과정은 정서 혹은 분위기를 수반합니다. 그리고 정서는 '염려'와 '심려'라는 중심적인 원천에 뿌리를 내리고 있습니다. 사실 하이데거는 정치나 정치적 신체와 관련해 자신의 사상이 갖는 함의를 밝히지 않았습니다. 심지어 그는 어떤 면에서 그런 시도를 방해했습니다. 하지만 최근에 일부 학자들이 이 방면에서 유의미한 발걸음을 내디뎠습니다. 프랭크 섈로우 Frank Schalow는 정신과 육체의 이원론을 극복한 하이데거를 논하면서 그의 사상에 들어 있는 '존재의 비신체성'을 언급합니다. 이 개념을 개인의 체현과 공동의 정치적 신체(심지어는 신체로 간주된 우주)에 동등하게 적용합니다.[26]

정치 공동체가 실제로 구현되면, 모든 구성원은 그 신체의

IL: Northwestern University Press, 2009) 비교.

26 Frank Schalow, *The Incarnality of Being: The Earth, Animals, and the Body in Heidegger's Thought* (Albany, NY: State University of New York Press, 2006). 그는 다음과 같이 말한다(pp. 136, 143). "[하이데거에게] 정치적 신체는 개인들의 단순한 집합이 아니다. 왜냐하면 다른 통치 형태와 비교해 특징적인 실천이 없기 때문이다. 동시에 신체의 물질성은 [개개의] 사람들을 공동체로 끌어들이는 조직화 양식의 은유 이상이다 … 하이데거식의 폴리스에 어떤 민주적 요소가 있다면, 그것은 '다양한 목소리'의 허용에 있을 것이다. 그것은 사회 구성원을 최대한으로 참여시키는 것을 인정하는 많은 목소리의 교환이다." 나의 "Conversation Across Boundaries: E Pluribus Unum?" in *Dialogue among Civilizations: Some Exemplary Voices* (New York: Palgrave Macmillan, 2002), pp. 31–47과 비교.

행복이나 번영을 공유합니다. 하지만 고통과 재앙 또한 함께 경험합니다. 앞서 지적했듯이, 최근의 정치 공동체는 매우 고통스러운 재앙과 참사를 많이 겪었습니다. 국내적으로는 국가기관이나 민영기업의 무자비한 지배와 착취가 사회를 속박했습니다. 또한 사회는 대량 살육과 인종 청소라는 재앙에 시달리곤 했습니다. 세계화의 후원 아래 이들 질병은 지구 공동체(혹은 코스모폴리스)의 차원으로 확장됐습니다. 이 질병들이 중대한 재앙이라면, 그리고 제 진단이 크게 잘못되지 않았다면, 필요한 치료법이나 치유책은 무엇일까요? 다행히도 우리는 이들 문제와 관련해 전적으로 무지한 상태에 있진 않습니다. 플라톤과 아리스토텔레스의 가르침을 갖고 있습니다. 아울러 알파라비Al-Farabi, 이븐 루슈드Ibn Rushd, 공자, 맹자 같은 다른 문화의 위대한 사상가가 남긴 가르침도 있습니다. 이들 사상가가 조언하는 것은 방향 선회입니다. 사리사욕의 극단적 추구에서 '공동선'이나 '좋은 삶'의 추구로 방향을 바꾸는 것입니다. 방향을 바꾸려면 시민의 덕을 꾸준히 실천해야 한다고 사상가들은 말합니다.

마지막으로, 마하트마 간디가 제안한 놀라운 치료법을 말씀드리고 싶습니다. 그것은 바로 '아힘사ahimsa'와 '사티아그라하satyagraha'입니다. 아힘사는 단순한 비폭력이 아닙니다. 심려, 연민, 배려의 함양이라는 의미에서 비폭력을 꾸준히 실천하는 것입니다. 사티아그라하는 살아 있는 진리, 도덕적 선이나 정의, 구현된 정서(혹은 아름다움)의 추구를 의미합니다. 저는 이 방법들이 이정표라고 확신합니다. 이 이정표를 따라가면 사회의

평화와 행복이 기다리고 있습니다. 따라가지 않으면 고통과 파멸에 직면합니다.[27]

27 간디에 관해서는 Anthony J. Parel, *Gandhi's Philosophy and the Quest for Harmony* (Cambridge, UK: Cambridge University Press, 2006); Douglas Allen, *Mahatma Gandhi* (London: Reaktion Books, 2011); 나의 "Satyagraha: Gandhi's Truth Revisited," in *Alternative Visions: Paths in the Global Village* (Lanham, MD: Rowman & Littlefield, 1998), pp. 105–121 비교. 일반적으로 사회적, 정치적 치료법에 관해서는 Erwin A. Jaffe, *Healing the Body Politic: Rediscovering Political Power* (Westport, CT: Praeger Publ., 1993) 참조. 이 책에서 말하는 '권력'의 의미는 한나 아렌트의 공유된 '권한 부여'다. 아렌트의 영향을 받은 또 다른 글로는 Elisabeth Young-Bruehl, *Mind and the Body Politic* (New York: Routledge, 1989) 참조.

3

시장과 민주주의

마이클 샌델에게 바치는 찬사

"우리는 거의 모든 것을 사고팔 수 있는 시대에 살고 있다." 하버드대학의 정치철학자 마이클 샌델Michael Sandel의 최근 저서 『돈으로 살 수 없는 것들: 시장의 도덕적 한계What Money Can't Buy: The Moral Limits of Markets』는 서두에서 이렇게 단언한다. 이 책은 오늘날 세상에서 돈으로 살 수 있는 것들의 충격적인 사례를 제시한다. 캘리포니아 주 교도소에서는 82달러면 더 좋은 감방으로 옮길 수 있다. 6,250달러면 인도인 대리모 서비스를 이용할 수 있고, 15만 달러면 남아프리카공화국에서 멸종위기에 놓인 검은코뿔소를 사냥할 수 있다. 또한 서구에서는 다양한 액수의 기부금을 내고 명문 대학의 입학 허가서를 얻을 수 있다. 분명 이외에도 더 많이 열거할 수 있을 이런 사례는, 샌델이 보기에 두려운 한 가지 사실을 시사한다. 시장경제가 '지배적'이고 총체적인 이데올로기가 되고 있으며, 몇 번의 좌절과 재정 파탄에도 불구하고 '시장제일주의'의 유혹이 계속되고 있다는 사실이다. "[2008년과 2009년에 일어난] 금융시장의 엄청난 실패도 시장에 대한 믿음을 꺾지 못했다. 실상 금융 위기는 은행보다는 정부에 대한 불신을 가져왔다"고 샌델은 말한다. 그 결과 기묘하고 역설적인 일이 벌어졌다. 재정 위기가 "미국과 대부분의 세계 경제를 대공황 이후 최악의 경기 침체 속으로 몰아넣고 수백만 명의 실업자를 양산했음에도 불구하고", 진정한 의미에서 '시장'과 시장의 사회적 역할에 대한 '근본적인 재고'를 촉발하지 못한 것이다.[1]

비록 탐욕이 일정한 역할을 한 것은 분명하지만, 재정 위기를 단지 은행가와 기업 임원들의 개인적 탐욕 탓으로 돌리는 것만으로는 불충분하다고 샌델은 생각한다. 오히려 이 문제는 뿌리가 더 깊다. 도덕적이며 심지어 형이상학적이고 존재론적인 차원과 연관돼 있다. 왜냐하면 인간 생활과 사회에서 경제학이 차지하는 일반적인 위치가 쟁점이기 때문이다. 샌델이 지적하듯이, 시장제일주의는 두 가지 심각한 결과를 낳았다. 바로 불평등의 심화와 실체적 부패의 확산이다. "빈부 격차가 더 커지고 있을 뿐만 아니라, 모든 것의 상품화로 인해 돈을 버는 일이 점점 더 중요해짐으로써 불평등의 고통이 날로 깊어지고 있다." 이런 양상은 두 번째 결과에 영향을 미친다. "삶에 있어 좋은 것들이 상품으로 변할 때 부패하거나 타락해버린다." 그리하여 우리는 "시장경제를 '가진' 사회에서 시장 '그 자체인' 사회"로 쓸려가고 있다.[2] 분명 '시장경제를 가진 사회'에서 '시장

1 Michael J. Sandel, *What Money Can't Buy: The Moral Limits of Markets* (New York: Farrar, Straus and Giroux, 2012) [『돈으로 살 수 없는 것들』, 안기순 옮김, 와이즈베리, 2012], pp. 3–6, 12.

2 *What Money Can't Buy*, pp. 8–10.

그 자체인 사회'로의 전환은 단지 경제적인 문제만은 아니다. 이것은 경제 전문가들이 좀처럼 논의하지 않는 문제를 불러일으킨다. 보다 심오한 실존적 혹은 존재론적인 쟁점을 야기하는 것이다. 여기서 다음과 같은 사실이 드러난다. 시장은 결코 자기 독립적이지 않다. 더 넓은 의미의 틀, 다시 말해 윤리적이고 철학적이며 심지어 신학적인 의미의 틀에 개입돼 있다. 이제부터 나는 두 가지를 논의해보고자 한다. 첫째, 의미의 틀이 훤히 보였던 단계로부터 그것이 점점 위축돼 결국 경제학만 '지고의' 고립 속에 남는 단계로 발달한 현대 경제학을 다룬다. 두 번째로는 전체론적인 관점에서 시장을 재평가하자는 경제학의 최근 제안을 숙고할 것이다. 이는 궁극적으로 현대 윤리학의 여러 주장을 살펴보고 이런 주장이 (샌델이 말하는) '시장의 도덕적 한계'를 어느 정도까지 규정할 수 있는지 논의하기 위해서다.

경제학: 음울한 과학?

경제학은 종종 '음울한' 과학 혹은 학문이라고 불리는데, 전혀 근거 없는 말은 아니다. 경제학이 음울하거나 뒤틀려 있는 까닭은 구성 요소 간의 대립 때문이다. 다시 말해 계획적이고 의도적인 인간 행동이 비의도적이고 유사 보편적인 규칙과 관련을 맺기 때문이다. 이런 면에서 경제학은 역설적인 중간적 지위를 정치학과 공유한다. 한쪽에는 (이른바) '인문학', 그리고 다른 한쪽에는 자연과학과 수학을 두고 그 사이에 위치하고 있는 것이다. 좀 거칠게 말하면 안과 밖, 내적 세계와 외적 세계 사이에 자리 잡은 셈이다. 하지만 양쪽 세계가 (목적으로서의) '좋음'을 향한 포괄적 지향으로 여전히 서로 연결돼 있는 한, 이런 위치는 갈등이나 모순을 일으키지 않았다. 이 구도 내에서 경제활동은 여전히 구체적인 역할이 있었다. 마치 (형이상학뿐만 아니라) 윤리학과 정치학이 그랬듯이 말이다. 아리스토텔레스의 철학에서는 이렇게 균형 잡힌 역할들의 상관관계가 여전히 주를 이룬다. 오이코스oikos와 폴리스polis는 서로 구별되긴 하지만 대립적이거나 상호 배타적인 방식으로 구별되는 것은 아니었다(그리고 둘 다 일반적 목적론에 포함됐다). 이런 균형 잡힌 상관관계는 로마 시대까지 지속됐고 (서구) 중세 시대에도 건재했다. 뛰어난 스콜라 철학자들은 오이코스 안에서 행해지는 경제활동이 종교 공동체뿐만 아니라 사회의 존속과 윤리적 행복에도 필연적으로 기여한다고 생각했다.[3]

이런 조화로운 유산은 서구 근대의 시작, 특히 내적 세계와 외적 세계, 코기토와 공간 속에서 '확장된 물질' 사이의 데카르트적 균열과 더불어 끊기고 말았다. 동시에 프랜시스 베이컨이 문을 연 근대과학의 부상은 '자연'을 과학적 탐구 대상으로 객관화하면서 포괄적 형이상학의 모체로서의 지위를 박탈해 버렸다. 물론 이런 균열의 결과는 즉시 감지되지 않았고, 그 실천적 함의는 좀 더 오랜 시간에 걸쳐 나타났다. 이 사실은 18세기 경제학이라는 근대 학문의 탄생에서 분명하게 드러난다.

---

3 경제학의 역사에 관해서는 예를 들어 Jacob Viner, *Essays on the Intellectual History of Economics* (Princeton, NJ: Princeton University Press, 1991) 및 David M. Levy and Sandra J. Peart, "The Secret History of the Dismal Science," (http://www.econlib.org/library/Columns/LevyPeartdismal.html) 비교.

이 학문의 창시자인 애덤 스미스Adam Smith는 사회생활에서 개인의 자유와 주도권이 더 큰 자리를 차지하도록 애썼지만 여전히 많은 면에서 예전 패러다임에 경도돼 있었다. 이런 점에서 그의 관점은 섀프츠베리 백작이나 프랜시스 허치슨, 토머스 리드, 그리고 데이비드 흄David Hume과 같은 저명한 인물들이 속한 이른바 '스코틀랜드 계몽주의'의 전형이었다. 스코틀랜드 사상가들은 비록 인간 행위에서 자기 이익의 역할을 인정하긴 했지만, 보편적 사회 환경을 통해 길러진 '도덕성'이 자기 이익을 제한하거나 균형을 맞춘다고 보았다. 스미스 자신이 허치슨의 학생이자 데이비드 흄의 친구였다. 스미스는 글래스고대학에서 허치슨과 함께 도덕철학을 공부했으며 후에 그의 자리를 이어받았다. 스미스의 첫 번째 주요 저작은 경제학이 아니라 윤리학에 대한 것이었다. 『도덕감정론The Theory of Moral Sentiments』이라는 그 책에서 스미스는 도덕 감정의 핵심이 인간 사이의 '공감' 능력에 있다고 보았다.[4]

공감이란 개념을 중심으로 삼은 『도덕감정론』은 분명히 개인의 의도적인 행위와 더 넓은 사회적 관계, 다시 말해 인간 삶의 '내적' 차원과 '외적' 차원을 서로 연관시키거나 혹은 그 둘의 균형을 유지하고 싶어 했다. 이 책은 애덤 스미스에게 전 세계

---

4 Adam Smith, *The Theory of Moral Sentiments*, ed. Knud Haakonssen (Cambridge, UK: Cambridge University Press, 2002) [『도덕감정론』, 박세일·민경국 옮김, 비봉출판사, 2009] 참조. 스코틀랜드 계몽주의에 관해서는 Thomas Ahnert and Susan Manning, eds., *Character, Self, and Sociability in the Scottish Enlightenment* (New York: Palgrave Macmillan, 2011) 및 James Buchan, *Crowded with Genius: The Scottish Enlightenment* (New York: Harper Collins, 2003) 비교. 또한 Alasdair MacIntyre, *After Virtue: A Study in Moral Theory*, 3rd ed. (Notre Dame, IN: University of Notre Dame Press, 2007), pp. 47–56에 나오는 흄에 대한 논의 참조.

적인 명성을 안겨준 『국부론The Wealth of Nations』보다 거의 20년 앞서 출간됐다. 대개 『국부론』으로 애덤 스미스를 기억하지만, 저자 자신은 여러 면에서 『도덕감정론』을 더 뛰어난 저서로 여겼던 것 같다.[5] 두 저서가 어떤 관계이든 간에, 완전히 반대되는 것으로 간주하는 관점은 타당하다고 볼 수 없다. 애덤 스미스는 도덕론을 저술한 후 유럽 곳곳을 여행했다. 특히 프랑스에서는 대규모 경제 발전 과정을 강조하는 이른바 '중농주의 학파'와 만났다. (프랑수아 케네François Quesnay가 창시한) 중농주의의 주요 가르침 중 하나는, 개개인의 (도덕적이거나 비도덕적인) 행위와 상관없이 대규모 경제 발전 과정은 결국 가장 좋은 결과를 가져오기 마련이라는 것이었다. 마치 '보이지 않는 손(모토는 "움직이게 내버려둬라. 세상은 저절로 굴러갈 것이다"이다)'에 이끌리기라도 하듯이 말이다. 이런 가르침과의 만남이 스미스의 관심을 개인적 분석 수준(미시)에서 사회적 분석 수준(거시)으로 옮겨놓는 계기가 됐을 것이다. 하지만 두 차원이 완전히 절연할 정도는 아니었다. 비록 이따금 '보이지 않는 손'이란 개념을 취하긴 했지만, 스미스는 실질적인 '국부'가 신비한 발전 과정이 아니라 생산적인 인간 노동에 있다고 주저 없이 말했다. 이 점에서 그는 기본적으로 존 로크와 (뿐만 아니라 나중에 등장한 카를 마르크스Karl Marx의 가르침과도) 의견이 일치했다.

잘 알려진 바와 같이 스미스의 저작은 대단히 논쟁적인 유

5 John Rae, *Life of Adam Smith* (New York: Kelley, 1895), p. 5 참조.

산이 됐다. 실제로 야심적이고 심지어 전체주의적인 이데올로기를 낳았다. 기본적으로 논쟁은, 이 저작이 인간 노동에 기초한 미시적 차원과 거시적 차원 간의 균형을 제공한다고 보는 사람들과 거시적 발전 과정 및 '보이지 않는 손'의 효과를 중심에 두는 사람들 사이에서 벌어진다. 후자의 경우 경제성장은 노동이 아니라 자본과 자본의 축적 덕분이다. 이 관점에서 보면 스미스는 '순수한', 다시 말해 탈맥락화되고 아무 규제도 받지 않는 자본주의의 가장 대표적인 옹호자다. 이러한 궤적은, 처음에는 이른바 '오스트리아 학파', 나중에는 시카고 학파의 구성원들이 대표한 '신고전' 경제학에서 정점을 찍었다. 또한 분과 학문으로서 경제학이 지닌 특성이란 이름으로, 경제학을 인문학과 도덕 이론의 영역에서 점진적으로 제거하고 수학 및 자연과학적 방법론과 병합하는 결과를 가져왔다. 그런데 '신고전(혹은 신자유주의)' 경제학의 옹호자들이 편리하게 망각하는 것이 있다. 기업 이익의 공모적 본성과 독점에 대한 스미스의 비판과 『국부론』에 나오는 다음과 같은 주장이다. "엄청난 부가 있는 곳마다 엄청난 불평등이 있다." "모든 세금은 세금을 낸 사람의 것이다. 이것은 예속의 증표가 아니라 자유의 증표다."[6] 신자유주의의 승리를 외치는 기고만장한 주장에 맞서, 언어철학자 놈 촘스키Noam Chomsky의 아래와 같은 말을 기억하면 좋을 것이다.

---

6 Adam Smith, *The Wealth of Nations*, The Glasgow Edition (Oxford: Clarendon Press, 1976) [『국부론 상, 하』, 김수행 옮김, 비봉출판사, 2007], vol. 2a, pp. 79, 177.

> 스미스는 [스코틀랜드] 계몽주의 시대의 인물로 '자본주의 이전 시기'의 사람이었다 … 노동 분업이 얼마나 경이로운지 이야기하는 『국부론』의 첫 대목은 모든 사람이 읽는다. 하지만 정작 수백 페이지 뒤에 나오는 부분까지 읽는 사람은 별로 없다. 거기서 스미스는 노동 분업이 인간을 파괴하고 인간이 도달할 수 있는 가장 어리석고 무식한 피조물로 인간을 바꾸어놓을 것이라고 말한다.[7]

스코틀랜드 계몽주의의 정점에서 이익 추구와 자본축적에 대한 찬양으로 미끄러져 내려온 근대 경제학의 영락은, 중농주의 학파의 몇몇 분파에 의해 시작돼 나중에는 19세기 '교조주의적' 프랑스 자유주의자들에 의해 계속됐다. (프랑수아 기조François Guizot 같은) 이들 교조주의적 사상가의 저작에서 개인의 (경제적 '자유'와 동일시되는) 이익 추구는 역사적, 문화적인 지반뿐만 아니라 사회적, 정치적인 영역과도 점점 더 분리됐다. 또한 자유주의의 주된 개념인 '야경국가('최소의 통치가 최상의 통치')'에 따라 정치와 정치제도는 사적 소유관계의 있으나 마나 한 부속물로 전락했다. 물론 경제제일주의로 흘러가는 것에 대한 저항이 19세기에 없었던 것은 아니었다. 사회주의와 마르크스주의 같은 반자본주의 이념에서부터 역사적, 문화적 제도들을 지키기 위한 더 완곡한 탄원에 이르기까지, 저

---

7 Noam Chomsky, *Class Warfare: Interviews with David Barsamian* (Monroe, ME: Common Courage Press, 1996), pp. 19–23, 27–31 참조. 이 언급은 대중매체에서 널리 묘사되는 것과 극명한 대조를 보인다. 대중매체는 스미스를 "자유방임적 자본주의와 공급을 중시하는 경제학의 교조적인 옹호자"로 서술한다. 이런 관점은 *The Economic Journal*, vol. 103 (1993), pp. 230–232 및 http://wikipedia.org/wiki/Adam_Smith의 'Adam Smith' 항목 참조.

항은 다방면에 걸쳐 일어났다. 다양한 흐름의 저항을 하나로 묶은 것은, '자유방임적' 자유주의(혹은 자유지상주의)가 비인간적이고 궁극적으로는 사회 파괴적인 결과를 낳는다는 확신이었다. 저항운동은 어떤 분야에서 정치적 영향력을 행사하기도 했지만, 분과 학문으로서의 경제학이 비도덕적인 자기 봉쇄로(그리고 궁극적으로는 '계량경제학'으로) 걷잡을 수 없이 들어가는 추세를 막을 수는 없었다. 루트비히 폰 미제스Ludwig von Mises와 프리드리히 하이에크Friedrich Hayek 같은 걸출한 학자들이 이끈 '오스트리아 경제학파'의 발흥으로 그러한 추세는 20세기에 더욱 가속화되고 악화됐다.

경제학자 앵거스 시블리Angus Sibley는 『독이 든 샘물: 경제적 자유지상주의The "Poisoned Spring" of Economic Libertarianism』에서 오스트리아 학파의 특성을 감탄할 만큼 잘 해부한다. 스코틀랜드 출신으로 스코틀랜드 전통 안에서 교육을 받은 시블리는, 애덤 스미스가 '무엇보다 도덕철학자'였으며 그의 윤리와 경제 저서의 최종 목표는 (결코 완성되지는 못했지만) '더 위대하고 매우 야심적인 통합'이었다고 올바르게 지적한다.[8] 시블리의 견해에 따르면, 스미스가 시도했던 통합은 이후에 조각조각 분열됐고, '개인' 대 '공공', 개인주의 대 사회, 사익 대 공동선 등이 서로 충돌했다. 이 방면에서 (유일한 주자도 마지막 주자도 아니지만) 결정적인 선두 주자는 칼 멩거Carl Menger가 창시한 오스트리아 학파였다. 이른바 '방법을 둘러싼 논쟁'에서 분과 학문으

8 Angus Sibley, *The "Poisoned Spring" of Economic Libertarianism* (Washington, DC: Pax Romana, 2011), p. 56.

로서의 경제학은 역사적, 문화적 함의를 말끔히 씻어내고 오직 합리적인 사익에만 기초하게 됐다. 멩거에 따르면, 재화의 가치를 결정하는 것은 가격 예측에 포함된 노동비용이 아니라 오히려 재화의 구매자였다. '가장 좋은 가격'은 최저가이고, 그 가격은 '한계'에서 형성된다(여기서 '한계효용가치설'이 나왔다). 보다시피 이런 접근 방식은 구매자나 경제 수단을 소유한 사람들 쪽으로 완전히 기울었다. 반면에 노동자나 생산자의 복지는 경시하거나 소홀히 대했다. 멩거 자신의 말에 의하면, "생계를 위한 수단도, 노동자의 최소 생계도 용역의 가격을 결정하는 원리나 그 가격의 직접적인 원인이 될 수 없다."[9]

초창기 오스트리아 학파의 친자본적 혹은 친기업적 편향은 루트비히 폰 미제스에 의해서 강력하게 이어지고 강화됐다. 미제스는 멩거를 본받아 모든 역사적, 문화적, 혹은 윤리적인 흔적을 경제학에서 완전히 제거하려고 노력했다. 데카르트의 내부/외부 분리에 따라서, 그는 경제 이론이 기본 공리나 원리로부터 연역법을 통해 전개되는 선험적 과학이 돼야만 한다고 주장했다. 경제학을 논리학이나 수학과 유사한 학문으로 취급할 정도였다. 인간의 합목적적 행위, 다시 말해 최소의 비용으로 최대의 효용을 거두고자 하는 행위에 의존하는 경제학의 특성 때문에 그러한 유사성이 약화되기는 했지만 말이다. 미제스는 외부의 문화적, 윤리적, 정치적 맥락으로부터 완전히 벗어

9 Carl Menger, *Principles of Economics*, trans. J. Dingwall and B. F. Hoselitz (New York: New York University Press, 1976) [『국민경제학의 기본원리』, 민경국·이상헌·김이석 옮김, 자유기업원, 2002], p. 171.

난 자율적 행위자(혹은 자아)에 의해 경제활동이 계획되고 실행돼야 효용 극대화를 이룰 수 있다고 보았다. 그가 『인간행동Human Action』에서 서술했듯이, 과거에는 "사회 문제를 윤리 문제로 간주했다." 하지만 근대 경제학의 발전이 "이런 견해를 뒤엎어버렸다." 그가 고려하고자 했던 '가치'는 순전히 사적인 목적을 쉽게 이루기 위해 고안된 도구적 가치였다. 그 밖의 다른 점에서 경제학은 중립적이거나 '가치로부터 자유롭다'고 주장됐다. 그의 말을 다시 인용하면, 경제학은 "모든 가치판단에서 완전히 중립적이다. 경제학은 언제나 수단과 관련이 있지 궁극적인 목적의 선택과는 아예 무관하다." 또한 사회 불평등과 빈곤의 확산(궁핍화) 같은 경제활동의 결과들에 대해서도 중립성이 확장돼야 한다고 말했다. "수입과 부의 불평등은 시장경제의 고유한 특징이다. 이것을 제거하면 시장경제는 총체적으로 파괴될 것이다." 이 점과 관련해 미제스는 사회주의나 그 어떤 형태의 '공동경제'도 "수천 년에 걸친 문명의 창조물을 파괴하는 것"이라고 단언하면서, 시장의 열렬한 신봉자로서 자신의 믿음을 거침없이 드러냈다.[10]

비엔나에서 미제스의 가장 뛰어난 제자였던 프리드리히 하이에크는 시장 자유주의에 대한 열정에 있어서 스승에 필적하거나 심지어 그를 능가했다. 이사야 벌린Isaiah Berlin의 선례를 따라 하이에크는 경제적 자유를 오로지 '소극적 자유', 다시 말해

10 Ludwig von Mises, *Human Action* (New Haven: Yale University Press, 1949) [『인간행동 I, II, III』, 민경국·박종운 옮김, 지식을만드는지식, 2011], pp. 2, 680, 840, 884; 또한 *Die Gemeinwirtschaft* (1922), trans. by J. Kahane as *Socialism* (New Haven: Yale University Press, 1951), p. 458.

행위에 대한 외적 구속의 부재로 규정했다. 그가 『자유헌정론 The Constitution of Liberty』에서 쓴 것처럼, 경제적 자유는 "한 인간이 타인이나 다른 사람들의 의지에 의한 자의적 강제에 종속되지 않는 상태"를 뜻한다(자기 자신의 자의적 의지에는 종속될 수 있다). 물론 모든 신고전 경제학자들과 마찬가지로 하이에크는 '자유로운' 경제활동이 언제나 '시장'의 맥락 안에서, 다시 말해 상호 연결된 행위들의 네트워크 안에서 실행된다는 점을 인정했다. 하지만 이 네트워크가 "움직이게 내버려둬라"라는 모토에 따라 자율적이고 준기계적인 방식으로 작동하는 한, 경제적 자유는 위협받지 않았다(그것은 오직 인간의 개입, 특히 정치 개입이 있는 경우에만 발생할 수 있는 일이었다). 미제스를 따라 하이에크는 자율적으로 작동하는 시장이 실재적인 윤리적 혹은 정치적 목표에 관해 중립적이거나 무관심하다고 주장했다. 그는 다음과 같이 기술한다. 근대 경제학에서는 "추상적인 공동 규칙이 구체적인 공동 목표를 대체한다. 정부는 오직 이 추상적 규칙[특히 사적 소유]을 집행해 타인에 의한 강제나 자유 공간의 침해로부터 개인을 보호하는 데 필요할 뿐이다." 하이에크는 이런 기본 원리를 무시하거나 회피하는 사회가 '노예의 길' 위에 있다고 본다(정부가 사람들을 가난의 노예 상태에서 끌어올리려 한다는 사실은 전혀 염두에 두지 않는다). 미제스보다 한술 더 떠서 하이에크는 '사회정의라는 신기루'야말로 '어떤 의미도 규정할 수 없는 빈말'이라고 비난하면서 그에 대해 총공세를 퍼부었다. 심지어 그의 후기 저작 중 하나는 오랜 윤리적 전통에 반대하면서 개인들은 "서로를 이웃으로 대하

지 않음으로써 이익을 얻어야 한다"고 선포했다.[11]

앵거스 시블리는 신자유주의(혹은 자유지상주의) 사상에 대한 논평에서 일말의 중대한 오해와 지적인 오류를 어렵지 않게 지적해낸다. 신자유주의 경제학의 가장 명백한 결점은 균형의 완벽한 부재다. "그것은 너무나 종종 기업가에게는 극도의 자유를, 소비자[혹은 구매자]에게는 최고의 가치를, 투자자에게는 최대의 보상을, 그리고 가장 치열한 경쟁과 최소의 공공 지출을 요구한다." 반면 사회의 다른 부분에 미치는 영향은 완전히 무시한다. 이 이론의 중심에는 인간 자유에 대한 편파적이고 빈약한 개념이 있다. 선과 정의의 추구, 건전한 공법의 존중을 통해 실현하는 '적극적 속성'으로서 자유를 바라보는 예전 개념과는 정반대로, 신자유주의는 자유에게서 모든 윤리적 거처를 빼앗고 순전히 '소극적 속성'으로만 자유를 규정한다. 다시 말해 자유를 (시장에 의해 강제된 구속은 아니고) "타인에 의해 강제된 구속의 부재"로 해석한다. 이런 이해와 밀접히 연결된 것이 바로 '지나친 개인주의'에 대한 강조다. 신자유주의는 개개인을, 상호 의존 및 연대의 끈과 완전히 절연된 '자기 충족적인' 행위자로 묘사한다. 이런 특징이 '비효용'으로서의 인간 노동이라든가 부당한 가치중립성 같은 부수적 이념과 결합하면, 최근의 경제학을 지배해온 절대적 교리에 이르게 된다.

---

11 Friedrich von Hayek, *The Fatal Conceit* (London: Routledge, 1988) [『치명적 자만』, 신중섭 옮김, 자유기업원, 2004], pp. 13, 63. 또한 그의 *The Constitution of Liberty* (London: Routledge & Kegan Paul, 1960) [『자유헌정론 I, II』, 김균 옮김, 자유기업센터, 1997], p. 11; *The Road to Serfdom* (London: Routledge & Kegan Paul, 1944) [『노예의 길』, 김이석 옮김, 나남, 2006]; *The Mirage of Social Justice* (vol. 2 of *Law, Legislation and Liberty*) (Chicago: University of Chicago Press, 1976), p. 126 참조.

그리고 이 교리는 '시장제일주의'나 '시장의 우상화' 같은 말로 올바르게 기술돼왔다. 바로 이러한 교리가, "탐욕스럽고 무모하며 지나치게 경쟁적인 은행가로 하여금 은행과 고객을 파산시키고 심지어 전 세계 경제에 심각한 해를 입히도록 허용했던 금융 규제 철폐의 기초를 제공한다"고 시블리는 결론짓는다.[12]

유명한 경제적 치유책들

시카고, 런던, 그리고 세계 여러 곳에서 학생들을 가르치는 경제학자들은 오스트리아 학파의 반사회적 칼날을 계속 갈고닦아 심지어 더 예리하게 만들었다.[13] 앞서 지적한 바와 같이, (그 세련됨에도 불구하고) 신자유주의 사상은 이론적이고 학문적인 실천에만 머무르지 않고 실제로 현실 생활에서 매우 심각한 결과를 낳았다. 2008년과 2009년에 자본주의 경제학의 '독이 든 샘물'은 재정 붕괴, 은행 파탄, 일반 대중의 대규모 빈곤이라는 쓰디쓴 열매를 수확했다. 파괴적인 사회적 결과 이외에도, 재정 파탄은 사건 전개와 그 근본 원인을 고발하는 저명한 지식인과 경제학자로부터 활발한 반응을 촉발하는 효과를 일으켰다. 유명한 신문기자이자 사회 분석가인 로버트 쉬어Robert

12 Sibley, *The "Poisoned Spring" of Economic Libertarianism*, pp. 194–198.

13 시블리에 따르면, 시카고 학파의 특징은 추상성으로 더욱 올라간다는 점이다. "경제학은 뉴턴의 물리학처럼 명확하고 보편적이며 기계적인 법칙을 갖고 있다. 경제행위는 … 사익에 기초하며 수학적으로 모형에 맞추거나 예측할 수 있다." *The "Poisoned Spring" of Economic Libertarianism*, p. 73 참조. 오스트리아 학파는 이러한 경제 '과학'과 계량경제학으로의 이행을 반대했다. 이 점과 관련해 Friedrich von Hayek, *The Counter-Revolution of Science* (Glencoe, IL: Free Press, 1952)와 비교.

Scheer는 자신의 책 『위대한 미국의 권총 강도The Great American Stickup』에서 이 붕괴에 대해 전면적인 공세를 폈다. 쉬어가 지적하고 있듯이, 파국은 '보이지 않는 손'으로 인한 결과가 아니라, "부자들 중에서도 최고 부자들의 요구만 채워주고 나머지는 알거지로 만들어버리는" 구체적인 책략에서 그 원인을 찾을 수 있다. 그의 생각에 가장 비난받아야 할 사람들은 "급격한 금융규제 철폐 정책을 주도하고 이행했던" 자들, 특히 "의도적으로 파생 시장을 규제하지 않아 거대한 부동산 거품을 일으키고, 그 결과 안전한 투자인 양 팔리는 악성 대출로 엄청난 돈이 쏟아져 들어가도록 만든" 경제학자와 은행가들이었다.[14] 노벨상을 수상한 경제학자 폴 크루그먼Paul Krugman 역시 『불황의 경제학The Return of Depression Economics and the Crisis of 2008』에서 이 문제를 강력하게 고발했다. 그의 설명에 따르면, 경제제일주의(신자유주의를 의미한다)는 미국과 전 세계를 경기하강의 악순환으로 이끌었다. "여러 면에서 세계는 대공황의 첫해만큼이나 극심한 침체를 경험하고 있다." 크루그먼은 '불황 경제학의 논리', 다시 말해 그 배경과 결함이 있는 전제를 철저히 분석해야만 '경제적 재앙에 맞서는 방어책'을 마련할 수 있다고 보았다.[15]

아마도 이 붕괴에 대한 가장 섬세하고 설득력 있는 응답은

14 Robert Scheer, *The Great American Stickup* (New York: Nation Books, 2010), pp. 2–3.

15 Paul Krugman, *The Return of Depression Economics and the Crisis of 2008* (New York: Norton & Co., 2009) [『불황의 경제학』, 안진환 옮김, 세종서적, 2009], pp. 193, 196. 그는 다음과 같이 덧붙인다(p. 131). "우리의 경제 문제는 즉각적인 치료가 불가능한 구조적 문제라고 말하는 이들이 있다. 하지만 내 생각에 세계의 번영을 가로막는 유일한 구조적 장애물은 인간의 마음을 뒤죽박죽으로 만드는 낡은 이론이다."

경제학자이자 노벨상 수상자인 조지프 스티글리츠Joseph Stiglitz의 저서 『끝나지 않은 추락: 미국, 자유 시장, 그리고 세계 경제의 침몰Freefall: America, Free Markets, and the Sinking of the World Economy』에서 제시됐을 것이다. 이 책에서 스티글리츠는 붕괴의 성격과 근본적 원인을 과감하게 말한다. "2008년 금융 위기의 놀라운 점은 그토록 많은 사람이 이 일에 놀랐다는 사실, 그것 한 가지뿐"이라고 그는 밝힌다. 좀 더 자세히 살펴보면, 이 일은 충분히 예견할 수 있었을 뿐만 아니라 이미 예견됐던 '전형적인 사례'였다. "유동성이 넘쳐나는 규제 풀린 시장과 낮은 이자율, 전 세계적인 부동산 거품, 치솟는 서브프라임subprime 대출은 치명적인 결합이었다." 이런 결합 속에서 각각의 요소는 "자본주의 체제, 혹은 적어도 20세기 후반 미국에서 출현한 특정 유형의 자본주의(급진적인 신자유주의나 자유지상주의의 전제에 기반을 둔)가 갖고 있는 근본적인 결함"을 드러냈다. 스티글리츠가 보기에 그 전제들은 심각한 결함이 있거나 그야말로 틀린 것이었다. 이 노벨상 수상자는 자신의 전문 분야인 경제학을 변호해주지 않는다. 최근 수십 년 동안 선도적인 '경제학의 스승들' 중 많은 이들이 "탈규제를 향한 움직임에 이끌린 정책 결정자들에게 지적인 갑옷을 제공했다"고 그는 말한다. 학문적 직업으로서 경제학은 '자기 규제적인 시장'에 대한 찬사로 넘쳐났다. 그 이론이 '제한된 조건' 아래에서만 통한다는 것을 진지한 연구가 보여주었음에도 불구하고 말이다. 잘못된 이론이 무책임한 실행과 공모해 미국과 세계의 경제를 무자비하게 벼랑으로 내몰았다고 스티글리츠는 주장한다. "2008년 10월 미국 경제는 급락과 더불어 세계 경제의 대부분을 무너뜨릴 태세를 갖추었다." 그런데 이런 전반적인 '붕괴'를 보면 한 가지 공통된 원인이 있었다. 그것은 바로 "주택 시장의 거품을 부풀리다가 종국에는 터져버리게 한 금융계의 무분별한 대출"이었다.[16]

위기와 그로 인한 영향은 가히 충격적이다. 여기서 희생된 것들 중 하나가 '아메리칸 드림'이다. 스티글리츠가 주장하듯이, 위기는 번쩍이는 번개처럼 암울한 풍경을 일순간 드러냈다. "날로 커져가는 불평등이 두드러진 사회, 가난한 미국인이 상류층으로 올라갈 통계적 확률이 '구유럽'보다 낮은 나라." 어쩌면 이런 경제적 현실이 결국에는 '시장근본주의'나 '시장제일주의'를 잠재울 것이라고 생각할지 모른다. 하지만 이것은 그저 기대하거나 희망을 가질 수 있는 사안이 아니다. 변화에 대한 저항력은 습관과 무기력에 뿌리를 두고 있다. 그뿐만 아니라 특권층과 권력층의 지배적 구조 속에도 뿌리를 내리고 있다. 이런 사회적 배경에 맞서 스티글리츠의 저서는 경제학자와 사람들에게 각성하라고 외친다. 경제학과 사회생활의 전제를 재고해보라고 소리친다. "관념의 시장 역시 생산과 자본, 노동의 시장만큼이나 완벽하지 않다"고 그는 말한다. 하지만 좋은 소식이 있다. '완벽한 시장이라는 난센스'가 과거를 지배하는 동안 몇몇 학자는 '시장이 실제로 어떻게 작동하는지' 이해

---

16 Joseph E. Stiglitz, *Freefall: America, Free Markets, and the Sinking of the World Economy* (New York: Norton & Co., 2010) [『끝나지 않은 추락』, 장경덕 옮김, 21세기북스, 2010], pp. xvi–xvii, xx–xxi, 1, 27. 그는 '경제학의 개혁'을 다룬 장에서 다음과 같이 덧붙인다 (p. 238). "'잘못된 것'의 겹겹을 벗겨보면 경제학계를 목도할 수밖에 없다 … 경제학자들이 생각하는 것 이상으로 경제학은 과학적 분과 학문에서 자유 시장 자본주의의 가장 눈에 띄는 치어리더로 변했다. 미국이 경제개혁에 성공하려면 경제학을 개혁하는 것부터 시작해야 할 것이다."

하려고 노력해왔는데, '더 안정적이고 풍요로우며 공정한 경제를 구축하고자 하는 사람들'이 그들의 생각을 이용할 수 있다는 것이다. 스티글리츠 자신의 저작이, 정치와 경제, 공적 영역과 사적 영역(혹은 폴리스와 오이코스)의 균형을 회복하려는 모범 사례다. 여기 통렬한 주장이 있다.

> 모든 성공적인 경제의 심장부에는 시장이 있지만, 시장이 스스로 잘 작동하는 것은 아니라고 생각한다. 이런 의미에서 나는 영국의 저명한 경제학자로 근대 경제학 연구에 지대한 영향을 미친 존 메이너드 케인스John Maynard Keynes의 전통에 속해 있다. 정부는 역할을 맡아야 한다. 그저 시장이 무너졌을 때 경제를 구하는 데 그쳐서는 안 된다 … 경제는 시장의 역할과 정부의 역할 사이에서 균형을 잡아야 한다 … 지난 25년 동안 미국은 이 균형을 상실했다.[17]

노벨상 수상자들의 의견은 분명 중요하며 주의 깊은 관심을 받아 마땅하다. 하지만 이것만으로는 이 분야에서 더 광범위한 방향 전환을 일으킬 수 없다. 다행히도 지난 10년 동안 미국과 세계 곳곳에서 경제학의 성격과 사회적 역할에 대해 진지하게 재고해보고자 하는 진취적 발의가 많이 나오기 시작했다. 이런 재고를 위한 한 가지 탁월한 구상이 매사추세츠와 뉴욕에 자리 잡은 '신경제학협회New Economics Institute'에서 나왔다. 이 협회에

17 *Freefall*, pp. xii, xxii, 274. 스티글리츠의 견해에 따르면, 미국이 힘의 논리보다는 논리의 힘에 의존해야 하는 지정학적 현실 변화 속에서, 그러한 전제의 재고는 특히 필요하다(p. 342). "전 지구적으로 힘의 균형이 새롭게 이뤄짐에 따라 미국은 세계 질서의 조건을 좌우할 수 없을 것이다. 설령 미국이 주도한다 하더라도 도덕적 설득과 본보기, 그리고 논리의 힘을 통해야만 한다."

서 후원하는 여러 활동 중에는 유력한 경제학자들이 참석하는 회의 기구, 책과 팸플릿 및 학술지 출간, 그리고 경제학에 관한 지역 차원의 풀뿌리 토론 장려 등이 있다. 협회 이사회의 일원인 경제학자 게르 앨퍼로비츠Gar Alperovitz는 일련의 혁신적인 글과 논문, 강연으로 유명하다. 금융 위기가 일어나기 전인 2005년 앨퍼로비츠는 널리 논의된 한 권의 책을 출간했는데, 이 책은 신경제학협회의 주된 포부를 분명히 밝혔다. 책 제목은 『자본주의를 넘어선 미국: 우리의 부, 우리의 자유, 우리의 민주주의에 대한 재천명America Beyond Capitalism: Reclaiming Our Wealth, Our Liberty, and Our Democracy』이다. 그가 '발전적 재구성'이라고 부른 것의 취지를 반영한 이 책은 단지 신자유주의적 자본주의의 기존 구조를 수정하거나 약간 조정하는 것에 만족하지 않았다. 그렇다고 경제 시장을 없애버리거나 축소하려고(이렇게 되면 민주주의와 자유 역시 폐지까지는 아니더라도 축소될 것이다) 하지도 않았다. 앨퍼로비츠는 서두에서 다음과 같이 밝혔다. "미국이 다시 한 번 위대한 역사적 가치, 무엇보다 평등과 자유, 유의미한 민주주의를 명예롭게 기릴 수 있는 유일한 방법은 체계적[경제적] 변화에 이를 수 있는 것을 성취하기 위해 전위를 구성하는 것이라고 이 책은 주장한다." 그는 신자유주의적 이념이나 이데올로기에 대해 비판적이지만, "진지한 이념이 관건이다. 더욱이 사람들은 진지한 이념을 이해하고 존경한다"고 단호히 인정했다.[18]

---

18 Gar Alperovitz, *America Beyond Capitalism: Reclaiming Our Wealth, Our Liberty, and Our Democracy* (Hoboken, NJ: Wiley & Sons, 2005), p. ix.

이 책이 진지한 관심을 얻고자 표방하는 이념은 거대한 이데올로기 정식이나 단순 처방으로 환원될 수 없다. 오히려 이 책이 추천하는 행로는 시험적이고 진보적인 실험의 하나였다. 집단주의 대 철저한 개인주의, 국가 계획 대 규제 없는 자유 경영, 공적 영역 대 사적 영역과 같이 이항 대립이나 이분법에 너무 오랫동안 갇혀 지냈던 세대에게 아주 적당한 행로다. 앨퍼로비츠가 제안한 변화들 중에는 '소규모 일반 대중을 대신해 부를 보유할 수 있는 새로운 제도'의 발전, '지역공동체 생활의 더 큰 안정성을 가능하게 하고 유지하기 위한' 경제구조의 창출, '종국에는 지역 단위 형태를 이루게 될 철저한 탈중심화'의 촉진 등이 있다. 또한 (어쩌면 가장 중요한 것으로) '부의 소유권과 이로 인한 소득 흐름'에서의 변화를 주장했다. 이는 개인의 경제적 자유와 안전을 더욱 옹호하는 새로운 제도적 계획을 통해 이뤄진다. 앨퍼로비츠는 이런 변화들이 새로운 '다원주의적 코먼웰스commonwealth 모형'에서 함께 일어난다고 본다. 이 모형 안에서 사회적, 경제적, 정치적 다원주의는 어떤 식으로든 '공동선'이라는 척도와 조화를 이룬다. 물론 그런 변화들 가운데 어떤 것도 '일거에' 혹은 하향식 강제를 통해 이뤄질 수는 없다. 필요한 것은 치열한 토론과 실험, 협상이다. 그의 말을 빌리면, 분명히 확신하거나 예측할 수 있는 결과는 전혀 없었지만, "21세기 첫 10년은 이런저런 체계적 질문을 둘러싼 심각한 논쟁으로 가는 길을 활짝 여는 듯 보인다."[19]

---

19 *America Beyond Capitalism*, pp. 233–234.

신경제학협회의 활동은 금융시장 붕괴 이후에 더욱 강화되고 확대됐다. 계속된 위기의 시기에 협회는 일련의 워크숍과 모임, 회의(때로는 '전 지구적 과도기 회담'으로 불렸다)를 개최했다. 이들 모임은 세계 경제뿐만 아니라 미국 경제의 운용에서 진정한 '패러다임 전환'의 가능성을 모색했다. 이러한 전환의 중심 내용과 구성 요소는 다음과 같다. 국내총생산 중심의 성장에서 인간 복지의 성장으로 경제성장의 개념을 바꾸는 것, 자유방임에서 공익을 위한 시장 거버넌스로 이동하는 것, 기업의 경우 주주 우선에서 투자자 우선으로 전환하는 것, 무분별한 소비주의에서 사려 깊은 소비와 충족으로 변화하는 것, 그리고 무엇보다 금권정치와 '기업정치'에서 진정한 민주주의로 이행하는 것이다.[20] 협회는 2012년 6월 8일부터 10일까지 뉴욕의 바드대학교에서 학술회의를 열었는데, 주제는 '신경제를 위한 전략'이었다. 이 회의에는 수많은 경제학자와 기업가, 지식인, 풀뿌리 조직 운동가가 참석했다. 그리고 제임스 구스타브 스페스James Gustave Speth, 윌리엄 매키븐William McKibben, 로버트 매시Robert Massie, 앨퍼로비츠 같은 저명한 경제학자들이 주요 총회에서 기조연설을 했다. 앨퍼로비츠는 '역사 속의 우리 시대: 근본적인 체제 변화의 가능성'이란 제목의 연설에서 신경제학협회를 고무하고 미국을 포함한 전 세계의 수많은 협회 협

20 경제학자 제임스 구스타브 스페스는 이들 아이디어 중 몇 가지를 개괄했다. "America the Possible: A Manifesto," (http://orionmagazine.org/index.php/articles/article/668) 참조. 이 선언에서는 한 가지 아이디어를 추가했다. '미국 예외주의'에서 '일반 국가'로서의 미국으로, 하드파워에서 소프트파워로 외교정책을 변경하는 것이다. 이 글은 다음과 같은 중요한 말로 끝을 맺는다. "그렇게 [구상된] 체제는 어제의 사회주의가 아닐뿐더러 오늘의 미국 자본주의도 아닐 것이다 … 그것은 민주주의적 가능성의 순간이다."

력자와 지지자에게 영감을 주었던 비전을 개괄했다. 그의 지적대로 경제학을 인식하고 실행하는 방식은 '전환점'을 맞이했다. 신자유주의와 국가 주도 집단주의라는 예전 경제 패러다임은 실패했다. 은행과 금융 체계, 기업과 소유권의 속성, 성장 원칙에 관한 오래된 전제가 강력한 도전을 받고 있다. 바야흐로 민주주의 정치 맥락에 뿌리내린 공정하고 지속 가능한 경제의 가능성을 모색하는 시대가 찾아온 것이다.[21]

시장의 도덕적 한계

주도적인 경제학자들이 시장근본주의를 반대하는 것은 특별한 의미가 있다. 경제학이라는 분과 학문에 대한 전문적 교육과 역량 때문이다. 그들의 반대는 거의 경제적 기소起訴와도 같다. 엄격한 경제학적 토대 위에서, 규제 없는 자본주의라는 금언은 옹호될 수도 입증될 수도 없다고 논증한다. 그런데 경제적 기소와 더불어 보다 심오한 윤리적, 철학적 주장도 섞여 있다. 다시 말해 경제학은 사회적 정의와 공평에 대한 고찰로부터, 그리고 사회 속에서 인간적 삶을 구성하는 것에 대한 고찰로부터 도피하거나 벗어날 수 없다(혹은 견딜 수 없을 만큼의 대가를 치러야만 도피할 수 있다)고 주장한다. 앨퍼로비츠는 『자본주의를 넘어선 미국』에서 그 대가를 분명히 인식하고 있다. "평등, 자유, 민주주의의 증진에 헌신하는 사회가 그런 가

---

21 앨퍼로비츠와 다른 학자들의 발표는 http://neweconomicsinstitute.org/videos 참조.

치를 실제로 성취하지 못하면[혹은 성취하려고 하지 않으면] … 도덕적으로 일관성 없는 정치가 펼쳐진다." 이런 정치가 오래 지속되면 "더 커다란 냉소주의가 틀림없이 자라날 것이다." 이와 더불어 "미국 사회가 도덕적 나침반을 상실했으며, 정부의 정책이란 단지 권력 놀음과 이익집단들의 막후 협상의 결과일 뿐 어떤 심오한 민주주의나 도덕의 정당성을 주장하지도 않고 주장할 수도 없다는 느낌이 더 깊어질 것이다."[22]

이런 논평들과 함께 샌델의 저서의 부제로 되돌아가보자. 부제는 '시장의 도덕적 한계'다. 도덕적 한계가 있다는 생각은 일부 경제학자만 인정한 것이 아니라, 신학자와 교회 지도자들은 물론 사회사상가와 정치사상가들도 많이 강조했다. 『독이 든 샘물』에서 앵거스 시블리는 가톨릭의 사회적 가르침, 특히 '인간 노동에 관하여Laborem Exercens', '100주년Centesimus Annus', '신은 사랑이다Deus Caritas Est', '진리 속의 자비Caritas in Veritate'와 같은 교황 회칙回勅들을 폭넓게 언급한다. 그는 요한 바오로 2세John Paul II가 '100주년'에서 전한 말에 공감하며 다음과 같이 인용한다. 교회의 교리는 "시장에 반대하는 것이 아닙니다. 다만 사회 전체의 기본욕구가 충족되는 것을 보장하기 위해 시장이 사회 세력과 국가에 의해 적절히 통제되기를 요구할 뿐입니다." '신은 사랑이다'에서 베네딕토 16세Benedict XVI가 한 말도 마찬가지로 동의한다. "정의 추구는 국가의 근본규범이 돼야만 합니다 … 정의로운 사회질서의 목표는 공동체의 재화 가운데 그/

22 Alperovitz, *America Beyond Capitalism*, pp. 234–235.

그녀의 몫을 보장해주는 것입니다." 이들 문서 및 그 밖의 다른 문서에 근거해 시블리는 다음과 같이 결론짓는다. 가톨릭 교리에는 교회가 정의하는 좋은 정부를 추구하기 위한 '어떤 실행 가능한 대안'도 없다. 그 가르침들은 유려하게 정식화돼 있고 종교적 관용 정신을 발산하고 있지만 불행히도 두 가지 결함이 있다. 첫째, 주로 신학자와 교회 지도자들이 기술한 가르침은 전문교육을 받은 경제학자, 특히 시장경제 전문가를 설득하지 못한다(심지어 이해시키지도 못한다). 둘째, 가르침은 주로 가톨릭 신자를 교육하기 위해 설파된다. 심지어 이런 차원에서도 (시블리가 마지못해 인정하듯이) '가톨릭 자유지상주의자'나 '부와 건강의 복음'을 추종하는 가톨릭 신자는 가르침을 거부한다.[23]

'시장의 도덕적 한계'를 옹호하는 주장이 더 폭넓은 설득력을 갖기 위해서는 학제 간 팀워크의 기반 위에서 의견이 개진돼야 한다. 팀워크를 통해 경제학자는 철학자나 인문학자, 신학자로부터 배울 수 있고, 그 반대의 경우도 가능하다. 팀워크의 가장 훌륭한 사례가 경제학자 허먼 데일리Herman Daly와 신학자 존 코브John Cobb, Jr.의 협력 작업이었다. 이 협업은 (금융 위기가 일어나기 오래전에) 『공동선을 위하여: 공동체, 환경, 지속 가능한 미래를 향한 경제의 재정립For the Common Good:

---

23 Sibley, *The "Poisoned Spring" of Economic Libertarianism*, pp. 168–171, 173–178. 내가 재직하고 있는 노트르담대학교의 경제학과는 가톨릭의 사회적 가르침을 강조하는 것으로 한때 유명했다. 하지만 신자유주의의 영향 아래 경제학과는 폐지됐고 '계량경제학'이 특화된 새로운 학과가 그 자리를 대신했다. 이 경우 및 이와 유사한 사건들은 경제학의 새로운 개혁을 옹호하는 스티글리츠의 논의를 뒷받침한다.

Redirecting the Economy toward Community, the Environment, and a Sustainable Future』이란 책의 출간으로 결실을 맺었다. 이 연구의 대부분은 새로운 경제학, 다시 말해 신자유주의와 사회주의적 집단주의의 결합을 넘어서는 혁신적 패러다임을 위한 기초를 쌓는 데 목표를 두었다. (애덤 스미스의 정신을 이어받은) 저자들이 강조하듯이, 그들은 시장 자체에 반감이 있는 것은 아니었다. 근대 경제학이 "더 풍요로운 재화와 서비스를 제공하고 위계적인 권위로부터 개인을 해방시키는 데 공헌했다"고 그들은 기꺼이 인정했다. 그토록 중요한 성취로 인해 '선한 의지를 가진 사람들'이 오랫동안 부정적 효과를 무시하는 경향이 있었다. 하지만 산업혁명에 이어 금융자본주의가 대두하면서 점잖은 무시는 더 이상 가능하지 않았다. 자유방임과 국가 통제 사이에서, 혹은 그 둘을 넘어서는 새로운 길을 만들어야 할 때가 왔다. 저자들은 다음과 같이 말했다. "중앙 집중식 경제 계획은 비효율적이며 배분은 관료적 계획에 의해서보다 시장 안에서 훨씬 더 잘 이뤄진다는 것이 우리의 입장이다." 정부의 역할은 단지 "시장이 작동할 수 있는 공정한 조건을 만들어주는 것"이다. 한편 "시장은 사회의 목적이 아니며 사회의 목적을 세우는 데 적당한 도구도 아니다." 더 광범위한 '사회의 목적'으로 논의의 방향을 돌리기 위해 저자들의 연구는 세상 모든 형태의 생명을 보호하고 향상하고자 고안된 도덕과 종교의 비전(혹은 '생물권의 비전')을 제시하면서 신학적이고 우주적인 사색으로 모험을 떠난다. "지구상의 인간과 다른 모든 생명의 안녕과 번영은 그 자체로 가치를 지니며 … 인간이 아닌 여타 생명의 세계가 인간의 목적에 쓸모가 있는지 없는지와 관련이 없다."[24]

자신의 학문 역정에서 분과 학문의 좁은 경계선을 가로지를 수 있는 학자들은 때때로 팀워크의 장점을 잘 보여줄 수 있다. 이처럼 폭넓은 학문의 좋은 사례가 마이클 샌델이다. 자신의 수많은 저술을 통해 샌델은 정치철학, 윤리학, 경제학, 심지어 종교 연구에 이르는 분야를 넘나들며 유능하고 해박한 학자로 자리매김했다. 그는 『정의란 무엇인가Justice: What's the Right Thing to Do?』를 통해 윤리 이론이나 도덕 이론을 논의하면서 '시장의 도덕적 한계'와 관련해 널리 인정을 받았다. 윤리 이론이나 도덕 이론의 의미가 결코 확정돼 있지 않고 다양한 읽기와 해석을 허용하기 때문에 샌델의 논의는 중요했다(그리고 지금도 여전히 중요하다). 샌델은 자신의 책에서 도덕론의 세 가지 중요한 해석을 구별했다. 그 세 가지는 공리주의, '의무론' 혹은 도덕적 의무 이론, 덕의 윤리다. 공리주의는 쾌락과 고통의 결합에 초점을 두고 도덕성을 (최대 다수를 위한) 쾌락의 극대화에 연계하는 반면, 의무론은 (욕망을 넘어선) 규범적 차원으로 올라가 자율적 행위자에 의한 보편 공리의 수용에서 도덕성을 찾는다. 덕의 윤리는 욕망/의무의 균열을 극복하기 위해 도덕적 선을 인간의 노력에 내재된 고유한 '목적telos'으로 간주한다. 『정의란 무엇인가』는 전반적으로 공리주의의 쾌락 원리에 비판적이며,

24 Herman E. Daly and John B. Cobb, Jr., *For the Common Good: Redirecting the Economy toward Community, the Environment, and a Sustainable Future*, 2nd ed. (Boston: Beacon Press, 1994), pp. 6, 14, 382–383. 이 연구의 입장과 이른바 '질서 자유주의'는 어느 정도 유사하다. '질서 자유주의'가 오스트리아 학파와 더욱 가깝긴 하지만 말이다. 이 점에 관해서는 *The "Poisoned Spring" of Economic Libertarianism*, pp. 67–68 참조.

이 원리를 자유지상주의와 신자유주의 경제학과 밀접히 연관시킨다. 또한 의무론(특히 칸트의 해석)에 경의를 표하면서도, 합리적 준칙이 너무 추상적이며, 자명한 것으로 가정된 '자율성'이 너무 개인주의적이라고 지적한다. 이로 인해 결국 샌델은 (온건하고 상호작용적인) 덕의 윤리를 옹호한다.

> 정의로운 사회는 단지 효용을 극대화하거나 [개인적] 선택의 자유를 확보하는 것만으로 이뤄질 수 없다. 정의로운 사회를 이루기 위해서는 좋은 삶의 의미에 대해 함께 따져봐야 하고, 반드시 생길 수밖에 없는 이견을 기꺼이 받아들이는 공공 문화를 창조해야 한다.[25]

샌델은 『돈으로 살 수 없는 것들』에서 시장근본주의를 더욱 확고하고 원숙하게 비판하면서 도덕 이론이나 윤리 이론에 대한 논의를 보완한다. 그가 책에서 지적하듯이, 시장근본주의에 대한 비판은 좀처럼 찾아보기 힘든데, 이는 경제학과 민주주의 정치학에 해를 끼친다. 그는 다음과 같이 주장한다. "우리는 도덕적, 정신적 논쟁에 참여하기를 꺼리기 때문에 엄청난 대가를 치르고 있다. 공적 담론에서 도덕적, 시민적 에너지가 고갈되고 있으며, 기술 관료적 관리 정치가 오늘날 많은 사회를 괴롭히고 있다." 그러한 담론을 다시 활성화하기 위해 필요한 것은

---

25 Michael J. Sandel, *Justice: What's the Right Thing to Do?* (New York: Farrar, Straus and Giroux, 2009) [『정의란 무엇인가』, 이창신 옮김, 김영사, 2010], pp. 19–20, 260–261. (유사한 결론에 이르는) 또 다른 윤리 이론으로는 Alasdair MacIntyre, *Three Rival Versions of Moral Enquiry: Encyclopaedia, Genealogy, and Tradition* (Notre Dame, IN: University of Notre Dame Press, 1990) 참조.

'좋은 삶이란 주제를 둘러싸고 서로 경쟁하는 개념들'에 관해 기꺼이 성찰하고 고민해보려는 자세다. 오늘날 좋은 삶과 관련된 분야는 황무지와 같다(혹은 시장의 변덕에 내맡겨져 있다). 샌델은 다음과 같이 덧붙인다. "시장을 계속 제자리에 둘 수 있는 단 한 가지 희망은, 우리가 소중히 여기는 재화와 사회적 관행의 의미를 공개적이고 공적으로 숙의하는 데 있다." 이 희망은 경제적 효용을 위해서보다는, 오늘날 금권정치와 경영 관리를 통한 상품화의 압박에 질식당할 위험에 처한 민주주의를 되살리기 위해서 반드시 키워나가야만 한다. "민주주의는 완전한 평등을 요구하지 않는다. 시민들이 공통된 삶을 함께 나눌 것을 요구한다"고 그는 결론짓는다. 샌델은 진정으로 정치적이고 민주적인 지혜가 물씬 풍기는 몇 마디를 덧붙인다.

> 중요한 것은 서로 다른 배경과 사회적 지위를 지닌 사람들이 일상생활 속에서 서로 만나고 부딪치는 것이다. 이것이 서로의 차이를 받아들이고 타협하는 법을 배우는 길이며, 공동선에 대해 관심을 갖게 되는 길이기 때문이다.[26]

---

26 Sandel, *What Money Can't Buy*, pp. 14, 202–203.

4

유교와 세계주의

몇 달 전 제2회 니산尼山 세계문명포럼에 참석할 수 있는 기회를 가졌습니다. 이 포럼은 '다양한 문화의 조화'라는 구상을 부각하고 공고히 하는 것을 추구합니다. 문화의 조화는 참으로 중요한 구상입니다. 저 역시 어느 때부터 여기에 깊은 관심을 기울여왔습니다. 저는 지난 세기말에 이란 대통령 모하메드 카타미Mohammad Khatami가 주창한 '문명 간의 대화'라는 모토를 크게 환영했습니다. 유엔 총회는 이 모토를 채택해 2001년을 '문명 간 대화의 해'로 지정하기도 했습니다. 이듬해인 2002년에 저는 『문명 간의 대화: 예시적 목소리Dialogue among Civilizations: Some Exemplary Voices』라는 제목의 책을 출간했습니다. 그리고 같은 시기에 '세계공공포럼: 문명 간의 대화'라고 하는 국제 민간단체에 가입했으며 지금까지 계속 활동해오고 있습니다. 현재 저는 그 단체의 공동 의장직을 맡고 있습니다.

문명의 대화라는 구상이 중국에, 특히 공교롭게도 유엔 '대화의 해' 10주년이기도 한 2011년에 창립총회를 연 니산 포럼에 둥지를 틀었다는 사실이 무척이나 기쁩니다. 게다가 니산 포럼이 공자의 탄생지 근처에서 열린다는 것이 더욱더 기쁩니다. 세계 문명에 관한 포럼의 장소로 이보다 더 적합한 곳은 찾을 수 없을 것입니다. 왜냐하면 제 생각에 공자는 문명화의 의미를 완벽하게 구현한 인물이기 때문입니다. 이쯤에서 그 취푸曲阜의 현자를 향한 저의 오랜 관심과 애정을 고백하지 않을 수 없습니다. 제가 처음 중국을 방문한 것은 지금으로부터 20여 년 전인 1991년이었습니다. '21세기, 그리고 중국 전통 사상과 문화'를 주제로 난징대학에서 열린 국제 학술회의 때문이었습니다. 학술회의의 중심 논지는 무자비한 전 지구적 서구화와 근대화에 직면한 중국 고유 전통의 적절성과 생존 가능성에 관한 것이었습니다. 중국 전통 내에서 유교는 분명 가장 각광받는 관심의 대상이었습니다. 난징대학은 친절하게도 저에게 가이드를 붙여주었고, 가이드는 학술회의가 끝난 후에 취푸와 신성한 산인 타이 산을 제게 안내했습니다. 이렇듯 유교 전통에 대한 제 관심의 뿌리는 꽤 깊다고 할 수 있습니다. 물론 저는 중국학 전문가도 아니고 그렇게 주장할 수도 없지만 말입니다.

오늘 이야기하고 싶은 주제는 세계 문명 간의 관계, 특히 문명 간의 대화, 그리고 유교입니다. 이 주제는 두 차원에서 살펴봐야 합니다. 우선 문명 간의 대화가 갖고 있는 의미를 더욱 분명하게 밝혀보고 싶습니다. 이를 위해서는 문화 혹은 문명 간의 또 다른 가능한(그리고 역사적으로 기록된) 관계와 이 대화를 구별할 필요가 있습니다. 다음으로 문화 간의 이런 관계에 유교가 얼마나 적합한지, 어떤 역할을 해낼 수 있는지 살펴보고자 합니다. 마지막으로 오늘날 문명 간의 대화에서 과연 유교가 어울리는 동반자인지 묻고자 합니다.

문명 간의 관계

우리가 잘 알다시피, 문화 간의 관계가 항상 우호적이고 환영을 받거나 대화적인 것은 아닙니다. 대화를 아예 포기해버리는 가장 주된 사례는 의도적인 비관계, 다시 말해 문화적 접촉의 회피라고 하는 극단적 경우입니다. 두려움에 찬 불안감에서부터 오만한 자존심에 이르기까지 다양한 동기로 인해서, 어떤 문화는 외부와의 접촉을 일절 피하고 고유한 문화유산과 전통의 함양에만 온 힘을 쏟기도 합니다. 일반적으로 이런 식의 회피를 '고립주의'라고 부릅니다. 회피의 대상인 바깥세상이 반드시 비하되는 것은 아닙니다. 물론 그런 경향이 강하기는 합니다. 또한 그저 부적절하거나 하찮게 여겨지기도 합니다. 아무튼 바깥세상은 동등한 인류 형제로 받아들여지지 않습니다. 외부인을 가리키는 명칭은 '외국인'같이 중립적인 표현에서부터 '이교도', '야만인', '미개인'처럼 대놓고 경멸하는 호칭에 이르기까지 다양할 수 있습니다.

고립주의에는 장점과 단점이 있습니다. 접촉을 회피하는 문화의 입장에서 보면, 가장 큰 장점은 해롭거나 파괴적인 영향력, 특히 고유한 생활 방식을 해칠 것 같은 영향력을 배제하는 것입니다. 이런 보호주의는 외래 문물이 범람할 위험성이 있는 신생 사회나 허약한 사회의 경우에 특히 중요하고 심지어 현명한 조처이기도 합니다. 고립주의 정책의 단점은 문화적 정체 혹은 화석화의 위험성입니다. 또한 사회 작동의 점진적인 관례화로 혁신이나 문화 개혁의 모든 추진력이 질식당할 수 있습니다. 이런 식의 고립주의가 중국 청조 때에 강력하게 시행됐습니다. 그 결과 과학과 경제의 정체라는 대가를 치러야 했습니다. 이는 중국이 불평등조약이나 외세의 여러 다른 지배에 맞서지 못한 원인이 되기도 했습니다. 미국은 19세기 상당 기간 또 다른 이유에서 고립주의를 실행해 외국과 관계를 맺지 않았지만, 그렇게 심각한 결과를 가져오지는 않았습니다. 날로 팽창하는 신생국가의 내적 역동성이 정체를 막아주는 마지막 수단이 됐던 것입니다. 비록 독단주의적인 고착화 경향이, 이민자들을 겨냥한 'Know Nothing' 운동(미국에서 일어난 이민 배척 운동)이나 다양한 자기 고립의 방식으로 분명히 드러나기는 했지만 말입니다.

문화 혹은 문명 간의 비관계, 더 정확히 말하면 불완전한 관계의 또 다른 유형은 일방주의입니다. 다시 말해 한 문화가 다른 문화에 사고와 관행을 일방적으로 주입하는 것입니다. 때때로 이런 주입과 이전은 단지 부분적으로 일어날 수 있습니다. 그리고 전략적인 의도보다는 문화적 확산이나 침투를 통해 일어납니다.[1] 그러므로 종종 '서구화'라고 불리는 현상은 여러 면에서 문화적 상징과 기호記號, 선호가 전파되는 거의 무의식적인 과정입니다. 이런 전파가 군사력과 행정력에 의해 뒷받침될

1 전면적인 지배 없이 이뤄지는 전파와 문화적 차용의 서로 다른 형태에 관해서는 나의 "Modes of Cross-Cultural Encounter," in *Beyond Orientalism: Essays on Cross-Cultural Encounter* (Albany, NY: State University of New York Press, 1996), pp. 1-37 참조.

때, 우리는 그것을 '제국주의' 혹은 '식민주의'라고 부릅니다. 오늘날 널리 사용되는 완곡한 표현은 정치적, 문화적 '헤게모니'입니다.[2] 제국주의 혹은 헤게모니 정책의 추구는 강대국과 거대 문명에 지속적인 유혹으로 다가옵니다. 물론 강대국이 되려고 필사적으로 노력하는 중소 국가들, 가령 '더 위대한 독일', '더 강력한 세르비아', 혹은 '더 위대한 이런저런 국가들'에서도 이런 현상이 나타날 수 있습니다. 이 정책의 장점은 지정학적 권력과 광대한 영토, 자원의 획득입니다. 단점은 일방주의가 지닌 고질적 결함으로, 타자로부터 배울 수 있는 능력의 쇠퇴와 그에 따른 자폐적인 자기 고립의 위험성입니다. 이런 점에서 제국주의는 고립주의와 유사합니다.

역사가 가르쳐주듯이, 제국주의/식민주의는 고대 마케도니아 왕국과 로마 제국에서부터 근대 영국 제국과 프랑스 제국에 이르기까지 서구 문명의 지속적인 동반자 혹은 부산물이었습니다. 이보다 소규모지만 서구 바깥에서도 제국주의적 모험을 발견할 수 있습니다. 예를 들어 이슬람 문화와 일본 같은 동아시아 국가들이 있습니다. 그런데 흥미롭게도 중국은 분명히 거대한 문명이지만 역사상 정치적으로나 군사적으로 제국주의에 이끌린 적이 없습니다. 물론 중국의 문화적 전파력은 아시

---

2 우리 시대 '제국'과 '제국주의'의 지속에 관해서는 Edward W. Said, *Culture and Imperialism* (New York: Alfred A. Knopf, 1993) [『문화와 제국주의』, 박홍규 옮김, 문예출판사, 2005] 및 Michael Hardt and Antonio Negri, *Empire* (Cambridge, MA: Harvard University Press, 2000) 참조. '헤게모니'에 관해서는 특히 Ernesto Laclau and Chantal Mouffe, *Hegemony and Socialist Strategy: Towards a Radical Democratic Politics*, trans. Winston Moore and Paul Cammack (London: Verso, 1985) [『헤게모니와 사회주의 전략』, 이승원 옮김, 후마니타스, 2012] 참조.

아 대부분에 확실한 영향을 미쳤지만 말입니다. 여기서 우리는 제국주의를 향한 서로 다른 성향을 추측해볼 수 있습니다. 문화사 연구가들이 이야기하듯이, 중국은 전통적으로 중화 제국 안에서 어떤 완전성과 충만함을 발견했고, 이에 따라 확장 욕구가 억제됐습니다. 그와 반대로 서구 문명에서는 언제나 결핍감과 종종 출몰하는 무질서가 특징적으로 나타났습니다. 이것은 서구 내부와 외부를 가리지 않고 전 세계에 걸쳐 정치적 질서를 부여하고 싶은 욕망의 원동력이 됐습니다.[3]

이 추측이 옳든지 그르든지 간에 어쨌든 우리는 한 가지 결론을 내릴 수 있습니다. 일방주의, 다시 말해 한 문명이 위에서 아래로 다른 문명에 질서를 부여하는 방식을 통해서는 온전함이나 총체성을 발견할 수 없다는 사실입니다. 이에 따라 저는 문화 혹은 문명 간의 만남에서 가장 유망하고 유익한 방식이 무엇인지 생각하게 됐습니다. 그것은 바로 문명 간의 대화입니다. 이 방식 안에서 문화는 서로 배제하거나 회피하지 않습니다. 그리고 문화적, 정치적 제국주의처럼 한 가지 삶의 방식을 다른 문화에 강요하려고 하지도 않습니다. 오히려 문화는 대화와 상호 실험, 건설적인 비판적 질문을 통해 고양된 배움의 경험에 기꺼이 동참할 것입니다. 질문이 오가는 상황에서는 온전함이나 총체성을 미리 가정하거나 일방적으로 꾸며낼 수 없습

3 물론 다수의 상반되는 증거가 이 광범위하고 형이상학적인 추측에 이의를 제기한다. 이 주제와 관련된 견해는 예를 들어 W. Somerset Maugham, *East and West* (Garden City: Doubleday, 1934); C. Northcote Parkinson, *East and West* (Boston: Houghton Mifflin, 1963) [『동양과 서양』, 안정효 옮김, 김영사, 2011]; Charles A. Moore, ed., *Philosophy and Culture–East and West* (Honolulu: University of Hawaii Press, 1962) 참조.

니다. 여기서 총체성은 계속 진행 중인 과정입니다. 상호 간의 활발한 의견 교환 속에서 오직 실험적으로 예견될 뿐입니다. 총체성은 판에 박힌 몇 마디 문구로 정리될 수 없습니다. 그것은 상상력이 넘치는 창조적 쇄신을 통해 이뤄지는 역동적 향연인 것입니다.[4]

역사적으로 이런 식의 창조적 만남이 비교적 드문 것은 사실이지만 아예 선례가 없는 것은 아닙니다. 기원후 초기 몇 세기 동안 기독교 신학자들과 그리스 로마의 지적, 문화적 전통 사이에서는 부단한 배움의 과정이 진행됐습니다. 몇 세기 후 이런 과정은 기독교와 이슬람교, 그리스 로마 학파들 간의 삼자 대화로까지 이어졌습니다. 또한 불교와 도교, 유교 전통 간의 유익한 문화 교류가 거의 천 년 전 극동에서 행해진 것을 떠올릴 수도 있습니다. 과거에 그런 교류가 얼마나 빈번하게 이뤄졌든지 간에, 급속한 세계화의 시대인 오늘날 대화는 그저 단순한 가능성이 아니라 거의 강제적인 의무에 가깝습니다. 우리가 일방적인 지배나 '문명의 충돌'을 원치 않는다면 말입니다.

유교와 세계 문명

만약 문화적 만남의 이상적 형태가 제가 앞서 묘사한 바와 같다면, 이것이 유교와 오늘날 유교 전통을 계승하는 연구가들에

4 이 점에 관해서는 William E. Connolly, *A World of Becoming* (Durham, NC: Duke University Press, 2011) 및 나의 "Being in the World: A Moving Feast," in *Being in the World: Dialogue and Cosmopolis* (Lexington, KY: University Press of Kentucky, 2013), pp. 15–29 참조.

게 뜻하는 것은 무엇일까요? 특히 중국의 유학자들이 저의 논의에서 이끌어낼 수 있는 교훈은 무엇일까요? 제가 보기에 유학자들은 앞서 이야기한 여러 선택 사이에서 때때로 동요하고 있는 듯합니다. 그리고 이는 각자 선호하는 유교의 정의와 관련이 있는 것 같습니다. 대만 학자인 류수셴Liu Shuxian은 유교의 세 가지 갈래 혹은 형태를 구별합니다. 그에 따르면, 정신적 혹은 철학적 유교, 공적인 혹은 '정치화된' 유교, 그리고 대중적 혹은 풀뿌리 신앙으로서의 유교가 있습니다. 이보다 먼저 본토의 철학자인 량수밍Liang Shuming은 '정신적' 혹은 철학적 유교와 공적 혹은 '제도적' 유교를 구분했습니다. 공적 혹은 제도적 유교는 특히 현세의 목적을 위해 사용된다는 특징이 있습니다. 공적 혹은 제도적 변형에 강조점을 둔다면, 기본적으로 유교는 외부 세계에는 별로 중요하지 않은 중국 고유의 시각일 뿐입니다. 이런 관점에서 유교의 가르침은 주로 제국 통치의 부속물이며 중국인, 특히 한족 정체성의 구성 요소일 뿐입니다. 류수셴의 말을 빌리면, 공적 혹은 정치화된 유교는 '왕조의 공식 이데올로기'로서의 역할을 수행했습니다.[5]

현대 중국에는 정치화된 유교가 여전히 남아 있습니다. 분명히 신자유주의와 사회주의 이념의 그늘 아래 빛을 잃기는 했지만 말입니다. 실제로 몇몇 저명한 사상가들은 유교의 유산이야말로 중국의 정치 쇄신을 위한 이상적 수단이며 타락한 서구

5 Liu Shuxian, "Contemporary New Confucianism: Background, Varieties, and Significance," in Fred Dallmayr and Zhao Tingyang, eds., *Contemporary Chinese Political Thought: Debates and Perspectives* (Lexington, KY: University Press of Kentucky, 2012), p. 94.

달마이어 교수가 발표자로 참석한 경희대 후마니타스 콜로키움.

의 영향력에 맞서는 보루라고 여기고 있습니다. 가령 전통문화의 가치를 옹호하는 본토의 사상가 장칭Jiang Qing은 근대화, 서구화, 그리고 세계화의 맹습을 몹시 걱정합니다. 이 세 가지 경향은 서로 합세해 '중국적인 것' 혹은 중국인 정체성의 기반을 약화시킨다는 것입니다. 그는 이런 위험에 맞서는 안티테제로, 유교의 정치적 혹은 공적 차원을 강조하는 것이 오늘날 절대적으로 중요하다고 생각합니다. 그의 견해에 의하면, 유교의 정치적 혹은 공적 차원은 한나라의 공양학에 의해 처음 발전됐습니다. 도덕의 경시를 수반하지 않는 이러한 공적 갈래를 되살려야만, 궁극적으로 이기주의에 뿌리박고 있는 서구 자유민주주의와 근대성의 잠식을 막아낼 수 있다고 합니다. 그는 다음과 같이 말합니다. "근대성이란 구실하에 인간은 점차 욕망으로 가득 찬 동물이 되고 있다 … 근대성에 반대되는 것으로서의 전통에 대한 나의 이해는 인간의 욕망이 어떻게든 천리에 의해 다스려져야 한다는 것이다." 정치적 차원에서 이기주의는 자유민주주의를 일종의 사회적 다윈주의Darwinism로 바꿔놓았으며, 그것은 "궁극적으로 인류를 멸망시키고 말 것"이라고 이야기합니다. 반대로 "유교는 인류 구원을 위해 현군賢君의 재출현에 마지막 승부를 걸었다"고 합니다.[6]

구원이란 용어를 사용한 것을 보면, 장칭은 유교에 분명히 종교적 속성이 있다고 생각하는 것이 확실합니다. 이 사실은 다음과 같은 그의 발언에서 명백히 드러납니다. "유교의 종교적 부흥은 중국의 역사적이고 문화적인 운명 혹은 중국적인 것을 되살릴 수 있다."[7] 이런 견해는 사회학자이며 사회 이론가인 강샤오광Kang Xiaoguang에 의해 더욱 강소됩니다. 그는 정치적 혹은 정치화된 유교와 공적 혹은 시민적 종교의 역할로 격상된 유교를 결합합니다. 장칭과 더불어 강샤오광은 서구의 근대성과 자유민주주의를 반대합니다. 그리고 주로 중국 민족주의와 문화 회복에 힘을 쏟고 있습니다. 이를 위해서는 중국을 '재유교화'하려는 노력이 지속적으로 필요하다고 합니다. 강샤오광은 시민 종교로 탈바꿈한 유교가, 요즘 심각하게 훼손되거나 잃어버린 정통성을 중국 정부에 부여할 수 있다고 봅니다. 더욱 구체적으로 말하면, 탁월한 유학자들이 지배하는 '인자한

---

6 Jiang Qing and Sheng Hong, *To Nurture Virtue with Virtue* (in Chinese) (Shanghai: Jointly Press, 2003), pp. 56, 59, 184.

7 *To Nurture Virtue with Virtue*, p. 161. 또한 Jiang Qing, *Political Confucianism* (in Chinese) (Beijing: Jointly Press, 2003) 및 그의 *A Confucian Constitutional Order: How China's Ancient Past Can Shape Its Political Future*, ed. Daniel A. Bell and Ruiping Fan, trans. Edmund Ryden (Princeton, NJ: Princeton University Press, 2012) 비교.

정부' 혹은 인자한 권위주의에 정당성을 부여할 수 있습니다. 그는 탁월한 유학자들만이 '하늘의 뜻'을 알기 때문에 올바르게 통치할 수 있다고 주장합니다. 따라서 중국의 재유교화 기획은 이른바 신유학의 생각처럼 단지 학문적이거나 순전히 학자적인 노력이 아닙니다. 강샤오광은 이 기획이 두 가지 의제를 동시에 포함하고 있다고 말합니다. "중국공산당을 유교화하는 것과 중국 사회를 유교화하는 것. 유교가 마르크스레닌주의를 대신해 국가 이데올로기가 되고 유학자가 공산당 간부를 대신할 때, 인자한 정부의 창조 과정은 완성된다."[8]

적어도 강샤오광의 경우에는, 유교화 기획이 두 의제에 국한되지 않고 더 야심 찬 세 번째 목표를 포함하고 있는 듯 보입니다. 바로 중국의 전통 이미지로 전 세계를 변모시키겠다는 포교적인 목표입니다. 강샤오광은 우주적 합일 혹은 조화라는 중국의 오랜 구상에 부응해, 궁극적으로는 유교의 비호 아래 세계 통합에 도달하는 일종의 '이상적인' 세계화를 마음에 그리고 있습니다. 고유한 전통의 함양이 여기서는 국제적 확장으로 변화하고 있는 것입니다. 제가 앞서 말한 바에 따르면, 고립주의가 제국주의적 헤게모니라는 함의를 갖게 된 것입니다. 저는 이 민족주의적인 의제가 오늘날 중국에서 얼마나 호소력이 있는지 모릅니다만, 제 느낌으로는 꽤 제한적인 것 같습니다. 제가 알고 있는 유학자들이나 신유학 전문가들 대부분은 이 주장을 지지하지 않습니다. 오히려 더 균형 잡히고 대화적인 접근

8 Kang Xiaoguang, *Benevolent Government: The Third Road to China's Political Development* (in Chinese) (Singapore, 2005), pp. vii–xlix.

방식, 다시 말해 서구의 근대성, 비판적 합리성, 자유민주주의로부터 불어오는 변화의 바람에 대한 개방과 고유한 전통의 함양을 결합하는 것을 선호합니다. 이런 시각을 보여주는 두드러진 사례가 1958년의 유명한 성명서입니다. 동아시아의 선도적인 유학자들인 탕쥔이Tang Junyi, 장준마이Zhang Junmai, 머우쭝싼Mou Zongsan, 쉬푸관Xu Fuguan이 서명한 '중국학의 재평가와 중국문화의 재건을 위한 성명서'가 바로 그것입니다.

이 성명서는 '재평가'와 '재건'이라는 두 용어에서 드러나듯 이중의 목표를 갖고 있었습니다. 성명서 저자들은 서구의 중국학 학자들이 근대 서구의 합리성이라는 성채에서 중국의 전통문화를 내려다보며 '오리엔탈리즘Orientalism'의 오만한 자세를 취하는 경향을 비판했습니다. 다른 한편 서구의 추세와 시각을 비판적으로 검토한 뒤 수용해 전통적 가르침을 새로운 방식으로 재해석하고 재건할 것을 유학자들에게 촉구했습니다. 성명서는 정치 영역으로 논의를 확장했습니다. 성명서 저자들은 근대 민주주의의 중심 사상과 유교의 능력주의 간의 상호 교정을 포함한 조화를 도모했습니다. 일반적으로 말하면, 성명서는 동서양을 불문하고 전 세계 학자들과 철학자들에게 모든 문화의 가르침을 진지하게 숙고하고 가장 좋은 것을 지키거나 유지하라고 권고했던 것입니다.[9] 전 세계적인 배움의 정신은 이들의 저작, 특히 탕쥔이와 머우쭝싼의 저작을 통해 예시되고 지속됐습니다. 이 두 학자는 해외에 나가 공부하지 않았지만, 중국과

9 성명서의 자세한 내용은 Liu Shuxian, "Contemporary New Confucianism," pp. 96, 104–105 참조.

서양 철학에 정통했으며 진정으로 비교적인 혹은 전 세계적인 연구를 추구한 대가들이었습니다. 탕쥔이의 저서인 『중국 문화의 정신적 가치The Spiritual Values of Chinese Culture』는 플라톤과 헤겔에게서 가져온 통찰력으로 한층 풍요로워진 중국 철학 전통의 혁신적 '재건'을 보여줍니다. 한편 머우쭝싼은 불교와 유교 가르침의 면밀한 병치로 유명하며 칸트 혹은 준準선험 논증을 바탕으로 한 유교의 혁신적 재해석으로 명성을 떨쳤습니다.[10]

중국과 관계주의

1958년 성명서는 세계화 시대에 유교의 사상과 실천이 나아가야 할 실현 가능하고도 전도유망한 길을 제시했다고 저는 생각합니다. 성명서는 유교가 배타주의적인 중국의 정체성을 위해 스스로 고립되는 것을 권하지 않았습니다. 또한 헤게모니적인 팽창주의, 다시 말해 상호 배움의 과정 없이 유교 가르침을 전파하는 것도 지지하지 않았습니다. 이 두 가지 유혹을 피함으로써 성명서는 취푸의 성인과 그 후계자들이 인도하는 정신에 충실했습니다. 만약 유교에 존재론이나 형이상학 같은 것이 있다면, 그것은 엄격한 자기 정체성이나 오만한 교조주의의 존재론이 아니고 세상 만물과 세상 모든 사람과의 친밀한 관계 속에서 이뤄지는 끊임없는 배움의 존재론일 것입니다. 이런 점

10 예를 들어 Anja Steinbauer, "A Philosophical Symphony: Tang Junyi's System," (http://www.fed.cuhk.edu.hk); Mou Zongsan, *Intellectual Intuition and Chinese Philosophy* (in Chinese) (Taipei, 1971); *Treatise on Summum Bonum* (in Chinese) (Taipei, 1985) 참조.

에서 저는 자오팅양Zhao Tingyang의 통찰력을 믿습니다. 그는 중국 문화의 핵심 특징으로, 상대주의와 절대주의에서 똑같이 멀리 벗어난 '관계주의'라는 주제를 정확히 지적합니다. 그가 말한 대로, "중국 철학은 관계의 문제에 매우 깊이 몰두하기 때문에 공존의 형이상학이나 존재론은 관계주의와 동일시될 수" 있습니다. 이런 측면에서 그는 유교 철학자인 두웨이밍과 견해를 같이합니다. 두웨이밍은 『논어論語』에서 알 수 있듯이 자아는 고립된 원자가 아니라, 궁극적으로 '신용의 공동체' 안에서 세상을 끌어안는 '관계적 자아' 혹은 '관계의 축'이라고 말합니다.[11]

물론 유교 사상에서 관계가 중심이라는 것은 새로운 발견이 아닙니다. 사실 유교 가르침의 핵심은 종종 오륜五倫으로 요약되곤 합니다. 이는 남편과 아내, 아버지와 아들 혹은 부모와 자식, 어른과 어린이, 왕과 신하, 그리고 친구와 친구 사이의 관계입니다. 여기서 주목해야 할 점은 이런 관계가 단지 경험적이고 사회적인 배열이 아니라 분명한 의무와 책임을 담고 있는 윤리적 유대라는 사실입니다. 물론 이런 유대 관계가 중국만의 것이거나 특정한 역사적 혹은 지리적 맥락에 한정된 것은 아닙니다. 어느 사회, 어느 시대에서나 발견할 수 있는 것입니다. 하지만 유교에서 독특한 점은, 윤리적 유대가 추상적 규범으로서 하향식으로 규정되는 것이 아니라 구체적인 전후 관계의 만

11 Zhao Tingyang, "All-Under-Heaven and Methodological Relationism," in Dallmayr and Zhao Tingyang, eds., *Contemporary Chinese Political Thought*, p. 60 및 Du Weiming, *Confucian Thought: Selfhood as Creative Transformation* (Albany, NY: State University of New York Press, 1985), pp. 81, 88 참조.

남에서 비롯된다는 것입니다. 그리고 그 의미는 논리적 추론이 아닌 유추적 이행을 통해서 일반화될 수 있습니다. 또한 앞서 언급된 관계들 전부가 문화적으로 매우 특별할 수 있는 친밀한 가족 관계의 맥락에만 묶여 있는 것은 아닙니다. 관계들 중 일부는 더 폭넓고 잠재적으로 공적인 성격을 띠고 있습니다. 왕과 신하, 친구와 친구 사이의 관계가 특히 그렇습니다. 이들 관계는 문화적 이행에 거의 아무런 장애도 없습니다.

유교의 가르침은 단지 오륜에 그치지 않는다는 사실이 덧붙여져야 합니다. 유교의 가르침을 떠받치고 있는 기본적 윤리 정신은 오륜만큼 중요하거나 어쩌면 그보다 훨씬 더 중요합니다. 이 윤리 정신은 인仁에서부터 예禮, 의義, 지智에 이르는 일련의 중요한 덕목들로 이뤄져 있습니다. 이 중에서 으뜸가는 덕목으로는 대개 인을 꼽습니다. 저명한 중국 철학사 연구가인 천룽지에Wing-tsit Chan의 말에 따르면, 인은 "모든 덕의 근원이자 기본적이고 보편적인" 덕목으로 봐야만 합니다.[12] 이 덕목의 탁월성은 황금률과 맞먹습니다. 『논어』에서는 다음과 같이 말합니다. "자신이 서고 싶으면 남도 서게 해주고, 자신이 이루고 싶으면 남도 이루게 해준다. 나를 이해함으로써 남을 이해할 수 있는 것이니 이것이 인을 실현하는 올바른 방향이다." 그런데 두웨이밍이 강조하는 것처럼, 인은 단순히 추상적인 금언이 아닙니다. 구체적이고 다양하며, 어느 일부분은 특정한 관습이나 의식, 의례에 의해 형성되기도 하는 인간관계 속에서 항

12 Wing-tsit Chan, "Chinese and Western Interpretations of Jen (Humanity)," *Journal of Chinese Philosophy*, vol. 2 (1975), p. 109.

상 기능합니다. 두웨이밍이 인을 '살아 있는 은유'라고 부른 까닭이 여기에 있습니다. 도덕적이고 올바른 인간적 삶의 방식을 위한 은유입니다. 인의 실천은 "공동으로 소중히 여기는 가치들을 다른 사람들과 나누는 것을 통해 끊임없이 이뤄지는 상징적 교환의 과정"을 포함하고 있다고 그는 덧붙입니다.[13]

인이라는 덕목이 뜻하는 바는 타인에게 활짝 열려 있는 마음입니다. 기꺼이 남을 세워주고자 하는 마음으로, 자기 고립이나 편협한 자기 정체성의 찬양과는 상반됩니다. 세계화가 무자비하게 진행되고 있는 우리 시대에 이런 열린 마음은 전 세계를 아우르는 방향으로 확장돼야만 합니다. 단지 서구 근대문화뿐만 아니라 인도 문화나 이슬람 문화, 라틴아메리카와 동남아시아의 문화까지 말입니다. 물론 이 과정에는 적극적인 참여와 새로운 경험에 부단히 적응하려는 노력뿐만 아니라, 유교 전통의 더 깊은 함양과 동시에 심화되는 자기 이해 또한 포함돼 있습니다. 변증법적 혹은 대화적인 이 과정을 두웨이밍만큼 잘 기술한 사람도 없을 것입니다. 이는 우리 시대 새로운 유교의 두 갈래 궤도에 대한 그의 숙고에 나타나 있습니다. 그는 오늘날 유교 사상과 실천이 두 차원의 과정으로 파악돼야 한다고 주장합니다. 그것은 바로 "자기 주체성[혹은 자기 인식]의 부단한 심화와 자신의 감성[혹은 감수성]의 끊임없는 확장"입니다.

---

13 Du Weiming, "Jen as a Living Metaphor," in *Confucian Thought*, p. 81. 또 다른 맥락에서 그는 인이 인류와 '하늘'뿐만 아니라 인류와 자연을 중재하기도 한다고 언급한다. 따라서 인을 실천하고자 하는 사람은 "'만물'의 본성을 깨닫고 하늘과 땅이 변화시키고 성장시키는 것을 도울 수 있어야 한다." *Humanity and Self-Cultivation: Essays in Confucian Thought* (Berkeley: Asian Humanities Press, 1979), p. 97 참조.

두 측면은 긴밀하게 얽혀 있거나 상호 의존적입니다. 완전한 자기 이해에 도달하기 위해서는 배움의 의지를 잃지 않으면서 자신을 극복하고 탈중심화하는 것이 유교적 자아에게 필요합니다. "이기적이고 자기중심적인 욕망을 억제하면서" 드넓은 세계의 지평으로 자신의 수용력과 이해력을 확장하기 위해 노력해야 합니다. 두웨이밍은 이런 과정을 "맥락화와 탈맥락화 사이의 역동적인 상호작용" 혹은 배움의 경험 각 단계에서 작동하는 "구조적 제한과 절차적 자유의 변증법"으로 기술하기도 합니다.[14] 저는 이 논평이 『논어』의 첫 행과 잘 들어맞는다고 생각합니다. 공자는 우리에게 이렇게 말합니다. "배우고 때때로 다시 익히니 어찌 기쁘지 아니한가? 먼 곳에서 벗이 찾아오니 어찌 즐겁지 아니한가?"

---

14 Du Weiming, "Neo-Confucian Religiosity and Human Relatedness," in *Confucian Thought*, pp. 133, 137 참조.

옮긴이 후기

이 책은 미국의 프레드 달마이어Fred Dallmayr, 1928~ 교수가 경희대학교에서 가졌던 세 강연과 관련 논문 한 편을 엮은 것이다. 2011년과 2012년 특별 강연을 위해 경희대를 세 차례 다녀간 달마이어 교수는 올해 여든일곱의 노老철학자다. 유난히 웰빙을 강조하는 오늘날 '젊은이'와 '늙은이'란 말의 어감 차이는 갈수록 벌어지고 있지만, 그나마 호칭 앞에 '노' 자를 붙이면 연륜이 묻어나고 존경을 나타낼 수 있어 다행이다. 달마이어 교수와 깊은 친분이 있는 비슷한 연배의 대철학자 위르겐 하버마스Jürgen Habermas, 자크 데리다, 리처드 로티Richard Rorty가 거의 은퇴했거나 이미 서거했음에도, 지난 10년 사이에 거의 해마다 새로운 주제의 책을 내고 여전히 세계 곳곳을 돌아다니며 정력적인 학술 활동을 하는 달마이어 교수를 보면 정말로 놀라지 않을 수 없다.

한번은 철학자로서 노년이 된다는 것이 어떤 의미인지 조심스레 물어본 적이 있었다. 그는 주저하지 않고 '축복'이라고 대답했다. 그러면서 노년이 된다는 것은 어떤 성취라기보다는

'기회'라고 덧붙였다. 오래전에 자신을 사로잡고 있었던 문제들이나 때로는 고통스러웠던 상황을 더욱 노련한 방식으로 차분히 성찰할 수 있도록 해준다는 취지에서 그렇게 이야기한 것 같았다.

달마이어 교수를 처음 만난 것은 지금으로부터 20여 년 전이다. 그의 유일한 한국계 제자이자 나의 스승이기도 한 김홍우 교수(현 경희대 인류사회재건연구원 명예원장)가 안식년차 미국에 체재할 당시 예일대에서 있었던 '민주주의와 차이'라는 주제의 심포지엄에 참석했을 때였다. 아담한 키에 웃음을 잃지 않는 온화한 표정으로 대학 카페에서 젊은 철학도의 이야기를 귀담아듣고 성실하게 답변하던 모습이 지금도 눈에 선하다.

그 후 달마이어 교수가 한국을 방문할 때마다 가까이에서 수많은 대화를 나눌 수 있는 값진 기회를 가졌다. 만나면 만날수록 달마이어 교수는 해석적 겸손이 몸에 밴 분임을 알 수 있었다. 그는 이러한 겸손에 의거해 처음부터 누군가의 선입견을 바꾸어놓으려는 시도조차 하지 말아야 한다고 했다. 해석적 겸손과 신중함이야말로 이데올로기적인 당파성도 비껴갈 수 있는 최상의 무기라는 것이다.

2008년 여름 서울대에서 세계철학자대회가 일주일 동안 개최됐다. 달마이어 교수는 이 대회에서 기조연설을 맡았다. 기조연설자로 초대받은 점이나 학적 권위를 보더라도 달마이어 교수는 느긋이 뒷짐 지고 있어도 될 위치였다. 하지만 그는 유난히 무더웠던 날씨에도 아랑곳하지 않고 여러 건물에서 벌어진 많은 발표회를 직접 찾아다녔다. 그 열정과 다양한 관심사에 놀라지 않을 수 없었다. 인도 철학, 이슬람 철학, 동양 철학, 해석학, 정치철학 분과 모임을 돌아다니면서 발표자의 이야기를 경청하고 빼곡히 메모하며 우정 어린 논평이나 예리한 질문을 던졌다. 나중에 봤더니 그는 세션의 발표자와 토론자 대부분을 개인적으로 알고 있었다. 내가 놀라는 모습에 그는 미소를 지으며 여름방학이 되면 거의 매번 배낭 하나만 메고 더 배우고 싶거나 대화를 나누고 싶은 철학자가 살고 있는 도시로 찾아간다고 했다. 그가 가장 자주 찾았던 도시 가운데 하나가 독일 철학자 한스-게오르크 가다머가 살았던 하이델베르크였다고 한다.

지난 10여 년간 달마이어 교수가 출간한 저서를 일별하면 그의 학문 여정과 다양한 관심사가 확연히 드러난다. 2001년 9·11 사태 전에 집필됐지만 그 이듬해에 출간된 『문명 간의 대화: 예시적 목소리Dialogue among Civilizations: Some Exemplary Voices』(2002)를 시작으로 『평화 회담: 누가 귀담아들을 것인가?Peace Talks: Who Will Listen?』(2004), 『작은 경이: 글로벌 권력과 그 불만Small Wonder: Global Power and Its Discontents』(2005), 『좋은 삶을 찾아서: 어려운 시대의 교육학In Search of the Good Life: A Pedagogy for Troubled Times』(2007), 『민주주의의 약속: 정치 기관과 변화The Promise of Democracy: Political Agency and Transformation』(2010), 『통합적 다원주의: 문화 전쟁을 넘어서Integral Pluralism: Beyond Culture Wars』(2010), 『자연으로 돌아가라?: 생태적 대항 역사Return to Nature? An Ecological Counterhistory』(2011), 『세계 내 존재: 대화와 코스모폴리스Being in the World: Dialogue and Cosmopolis』(2013), 『마음 씀과 내맡김: 참여적인 사고와 행위

Mindfulness and Letting Be: On Engaged Thinking and Acting』(2014)를 펴냈다. 이들 저작은 남과 북, 동과 서, 고대와 근대를 가로지르고 오랜 역사적, 지정학적 사상의 경계들을 자유자재로 넘나든다. 특히 간디, 타고르, 공자, 이븐 루슈드 같은 비서구 정치사상가를 서구의 고전적 사상가와 함께 엮어 덕, 정의, 평화, 민주주의, 법, 권리, 세계화 및 정치 그 자체에 관한 다양한 층위의 사고를 펼쳐 보인다.

달마이어 교수는 독일에서 법학을 배운 후 미국으로 건너와 정치사상 분야와 관련된 정치학을 석사과정부터 새롭게 공부했다.[1] 미국에서 그는 르네상스 이후의 다양한 근대 정치사상을 연구하며 이 시대와 자기 자신, 나아가 현대 정치 이론을 위한 교훈을 끌어내고자 하는 데서 자신의 주요 학문적 소임을 찾았다. 그는 계속 반복되는 고답적인 공리와 권력정치를 표방하는 근시안적 현실주의의 틈새에 현대 정치 이론이 끼여 있는 딜레마를 문제 삼았다. 이러한 문제의식을 가진 그는 첫 저작의 제목 '독단과 절망을 넘어서Beyond Dogma and Despair'처럼, 추상적이고 합리적인 명제의 극단과 전체적으로 불투명하고 임의적인 경험의 탐닉이라는 양극단을 벗어나려 했다.

달마이어 교수는 근대 서구 사상의 골칫거리가 되고 있는 또 다른 딜레마로 신앙과 이성, 종교와 세속적 삶의 이분화를 꼽는다. 그래서 그는 홉스, 로크, 루소와 같은 대표적 근대 정치사상가들의 정치체政治體에 대한 계약주의적 분석과 달리 신

---

1 달마이어 교수의 개략적인 학문 여정에 관해서는 프레드 달마이어, 『다른 하이데거』, 신충식 옮김, 문학과지성사, 2011, pp. 19-25 참조.

체를 통해 공유하는 실천 또는 정서적 상호 신체로 경험될 수 있는 정치 공동체를 꿈꾼다(제2장 참조).

이러한 지적 배경에 의거해 달마이어 교수는 인간 경험의 정치적 차원, 특히 철학과 문학 텍스트에 반영돼 있음 직한 정치적 차원에 늘 주목했다. 따라서 그는 철학과 정치의 비판적 만남을 강조한다. 정치는 삶의 문제들을 성찰적인 방식으로 해명하는 철학의 도움을 필요로 하고, 역으로 철학은 일상적 현안에 주목하는 정치로부터 많은 점을 배울 수 있다는 것이다. 그가 오늘날에도 유럽적 사유와 영미적 학풍을 통합하려 하고 이슬람, 인도, 동아시아 사상과 꾸준히 대화를 모색해왔던 것도 이런 이유에서다.

달마이어 교수의 철학적, 정치적 지평에서는 모든 차원의 폭력이 가장 심각한 문제였음을 쉽게 알 수 있다. 그가 폭력을 극도로 혐오하는 데는 자신만의 이유가 있다. 독일 출신인 그는 유년 시절 전시 공포와 나치 체제가 불러온 참담한 폐허를 뼈저리게 체험했던 것이다. 자신의 친형도 제2차 세계대전 중 전선에서 사망했다. 모든 정신적 외상을 유발하는 사건들이 그렇듯 유년기의 전시 체험이 그의 뇌리에 깊이 남아 있었다.

달마이어 교수는 오늘날 누구도 피해갈 수 없는 세계화 과정에서 '문명 충돌'이나 테러의 가능성이 증대하고 있음을 우려한다. 그의 진단에 따르면, 세계화 시대에서 세계는 점점 좁아지는 반면에 금융시장은 무자비하게 확장되고 있다. 복잡한 정보 네트워크가 전 세계를 휘감고 있으며, 군사용 무기 역시 급속히 확산되고 있는 실정이다. 세계화가 곧 양적인 도약이라는 입장과 달리 동일한 것은 더는 실제로 동일한 것이 아니고 낯선 타자성이 모든 영역에 침투한다는 의심이 증폭되고 있다. 그는 핵 확산으로 자칫 잘못하면 순식간에 전 지구적 참사가 일어날 수 있는 상황에서 지식인의 사명은 '문명 간의 대화'에 관심을 기울이는 데 있다고 지적한다. 그에게 문명 간의 대화는 '차이'와 '타자'에 대한 존중과 경이를 나타내는 것이다. 이러한 맥락에서 새뮤얼 헌팅턴Samuel Huntington이 우려했던 서구와 이슬람권의 문명 충돌은 사실상 '무지無知의 충돌'과 다름없다.[2]

무지의 충돌을 피하기 위해 달마이어 교수는 다음과 같은 질문을 근본적으로 제기한다. "어떻게 누군가가 우리 논리에 희생됨이 없이, 또한 그 논리기 누군가에 의해 희생되지 않고서 그/그녀를 이해할 수 있는가?" 그는 이 문제를 본격적으로 분석하기 위해 해석학과 자신이 직접 개발한 비교 정치 이론comparative political theory을 끌어들인다.[3]

달마이어 교수에게 해석학은 독자와 텍스트 사이, 자아와 타자 사이의 조우나 집중적인 대화를 통해서 이해에 이르는 노력이다. 그의 논의에서 중요한 점은 해석학이 텍스트에 대한 독해로부터 상호 인간관계, 특히 문화와 문명 사이의 관계로 이행할 수 있다는 것이다. 복잡한 의미 집합체이자 삶의 형식

---

2 그렇다고 달마이어 교수가 헌팅턴 논지의 장점마저 외면한 것은 아니었다. 헌팅턴이 세계화 과정을 분석하며 주권민족국가의 베스트팔렌 패러다임에서 문화와 문명 사이에 존재하는 단층선으로 분석의 초점을 바꾸어놓은 것은 커다란 기여라 할 수 있을 것이다.

3 달마이어 교수는 비교 정치 이론의 필요성을 촉발한 가장 중요한 정치적 사건으로 9·11 사태를 꼽는다. 비교 정치 이론이라는 새로운 접근 방법에 관해서는 Fred Dallmayr, ed., *Comparative Political Theory: An Introduction* (New York: Palgrave Macmillan, 2010) 참조.

으로서 문화는 당연히 문자 텍스트, 사회 관습, 종교 신념, 의식 및 실천 등을 포함한다. 더욱이 문화는 내적으로 분화되고 완결되지 않은 채 남아 있으며, 항상 진화하고 새로운 방향으로 이행한다. 이러한 특성을 고려할 때 일부 학자들은 문화를 가로지르는 해석학이 불가능하거나 무용하다고 주장한다.

이에 반해 달마이어 교수는 사회과학과 문화의 영역에서 해석적 시각을 실천적으로 적용해야 한다고 역설한다. 그에게 문화는 대화, 상호 검증, 건설적이고 비판적인 질문으로 고양된 학습경험에 기꺼이 동참하면서 상상력이 넘치는 창조적 쇄신을 통해 이루는 역동적 향연이다(제4장 참조). 이러한 점에서 그는 문화의 해석 과정이 어떤 절차로 환원될 수 없을 뿐만 아니라, 인간의 실존과 무관한 사회과학 방법론은 무의미하다고 주장한다. 해석학이 인식론에서 존재론으로 이행하게 되는 이유가 바로 여기에 있다. 잠시 첫 번째 강연의 한 부분을 상기해 보자.

> '이해'는 단순히 인지적 활동, 다시 말해 분리된 '인식주체'에 의한 지식의 습득이 아닙니다. 그것은 언제나 실천적인 개입, 다시 말해 사상과 실천의 치열한 갈등을 수반합니다. 가다머가 거듭 강조하듯이, 대화에 바탕을 둔 교환에 들어선다는 것은 지적인 동시에 실존적인 모험을 감행하겠다는 점을 내포하고 있습니다. 자신이 부족하거나 틀렸다는 것을 보여줄 수 있는, 자신의 '마음'뿐만 아니라 인생까지도 바꿀 수 있는 위험을 무릅쓰는 것입니다(p. 22).

이렇듯 해석적 이해는 어떤 '방법'이 아니라 하나의 '사건'으로 다가온다. 이는 곧 해석자에게 변화의 결과를 초래할 수 있는 사건이다. 해석적 이해는 전문적인 학문 분과 영역이 아니라 세계 내에서 시간의 운동으로 기입된 모든 인간의 구성적 특징을 갖게 된다. 해석학적으로 훈련된 철학자로서 달마이어 교수는 당연히 텍스트의 타자성에 민감하다.

상이한 사회와 문화가 점점 더 가까워지도록 떠밀리는 세계화 시대에서 해석적 이해는 지엽적 맥락을 초월해야 하는 동시에 문화를 가로지르고 국가를 뛰어넘는 의미 또한 획득해야 한다. 이러한 점에서 특정 사회나 문화의 구성원에게는 자기 자신의 전통이 가진 양식의 재해석뿐만 아니라 아주 이질적인 텍스트와 삶 형식의 복잡한 특징에 대한 해석이 요청된다. 그래서 달마이어 교수에 따르면, 급속한 세계화의 시대인 오늘날 해석적 이해는 그저 단순한 가능성이 아니라 거의 '강제적인 의무'에 가깝고, 해석적 이해야말로 일방적인 지배나 문명의 충돌을 예방할 수 있는 방법이다.

새로운 탐구 영역으로 부상하는 비교 정치 이론 역시 문화 간의 반목과 폭력적 충돌에 대한 대항 운동이 될 수 있을 것이다. 특히 이러한 접근은 유럽중심주의, 서구중심주의, 다른 양식의 지역주의의 강력한 압박을 받는 세계화 과정을 심각하게 받아들이는 이론 양태다. 장기간 정치적 비전의 측면에서 비교 정치 이론화 과정은 일방적, 과두적, 제국주의적 지배에 대항하는 글로벌 다중 협력을 도모하고 헤게모니적 독백에 반대하는 대화에 기반을 둔 상호작용의 중요성을 제시할 수 있을 것이다.

인류 차원의 대화가 전체주의 정부의 독백적 설교보다 비용이 덜 들 것이라는 점은 누구도 부인할 수 없다. 달마이어 교수는 그러한 노력을 "모든 특수성이 선善을 추구하는 과정에서 결속하게 되는 '공동' 투쟁 또는 교육적 투쟁"으로 이해한다.[4] 사람들의 머리뿐만 아니라 마음에 호소해 그들의 행동을 교화하려는 노력이야말로 교육 본연의 영역이라는 것이다. 고통받는 시대의 교육은 무엇보다 감춰지고 억압된 좋은 삶의 기억을 되살려내는 것이라고 한다. 그러므로 구체적 정황에서 어떤 모범적인 인물의 행동이나 사례를 끌어내는 것이 중요하다. 달마이어 교수에 따르면, 비교 정치 이론의 탐구 과정은 자칫 해석학적 접근 방법이 놓치기 쉬운 정치철학 고유의 비판적 동학을 되살릴 수 있고, 관행적으로 친숙한 영역에서 친숙하지 않은 영역으로 이행함으로써 철학 고유의 '경이감the sense of *thaumazein*'을 복원할 수 있다.

달마이어 교수는 강연 전체에서, 특히 우리에게 친숙한 마이클 샌델에 관한 논평에서 무자비한 권력욕에 의해 촉발되는 대규모 전쟁 위협, 무한한 탐욕에 의해 가속화되는 경제적 붕괴 위협, 즉흥적인 만족과 소비욕에 의한 생태계 재앙의 위협에 맞서 끝까지 축복받은 인간의 삶을 지켜낼 필요가 있음을 역설한다. 지금 우리가 사는 세계에서야말로 정의롭고 좋은 삶에 대한 탐구가 절실히 요청된다는 것이다. 그가 추구하는 좋

---

4 Fred Dallmayr, *In Search of the Good Life: A Pedagogy for Troubled Times* (Lexington, KY: University Press of Kentucky, 2007), p. 186.

은 삶은 한마디로 '점잖고 인도적인 삶'이라 할 수 있다. 이를 위해 우리는 지속적인 대화와 다차원적인 상호작용을 통한 세계주의, 즉 모든 종교적인 글과 철학적인 명상이 약속하는 조화롭고 질서 있는 세계도시의 윤곽에 대해 고민할 필요가 있을 것이다.

여러 어려운 상황에서도 달마이어 교수의 강연을 가능하게 만드시고 행사의 세세한 측면까지 직접 보살펴주신 도정일 경희대 후마니타스칼리지 대학장님과 김홍우 교수님께 깊이 감사드린다. 3장과 4장의 번역에 기꺼이 임해주신 최인자 교수님께도 고마움을 전한다.

신충식

지은이/옮긴이 소개

지은이

프레드 달마이어

1928년 독일에서 태어나 뮌헨대학교에서 법학 박사 학위를 받고 미국으로 건너가 듀크대학교에서 정치학 박사 학위를 받았다. 1978년부터 미국 노트르담대학교에서 정치학을 강의했으며 함부르크대학교, 옥스퍼드대학교, 미국 뉴스쿨 사회과학대학원의 초빙교수를 지냈다. 현재 노트르담대학교 정치학 및 철학 분야 명예교수로 재직하고 있다. 현상학과 해석학의 전통을 이어받은 정치철학자로, 최근에는 시대의 고뇌와 폭력 상황, 주체의 탈중심화 과정, 타자성, 윤리적 민주 개념, 공공 윤리, 그리고 문화를 가로질러 비서구 사상가들과 대화하는 정치적 실천에 관심을 기울이고 있다. 21세기 들어 출간한 주요 저작으로 *Dialogue among Civilizations: Some Exemplary Voices*(Palgrave Macmillan, 2002), *In Search of the Good Life: A Pedagogy for Troubled Times*(University Press of Kentucky, 2007), *The Promise of Democracy: Political Agency and Transformation*(State University of New York Press, 2010), *Integral Pluralism: Beyond Culture Wars*(University Press of Kentucky, 2010), *Being in the World: Dialogue and Cosmopolis*(University Press of Kentucky, 2013) 등이 있다.

옮긴이

신충식

이 책의 1장과 2장을 우리말로 옮겼다. 전남대학교 정치외교학과와 외국어교육학과, 서울대학교 대학원 정치학과를 졸업하고 미국 뉴스쿨 사회과학대학원에서 철학 박사 학위를 받았다. 성균관대학교 연구교수를 거쳐 현재 경희대학교 후마니타스칼리지에 재직하고 있다. 저서로는 『20세기 사상 지도』(공저), 『보수주의와 보수의 정치철학』(공저) 등이 있으며, 역서로는 『다른 하이데거』, 『공직윤리』, 『공직윤리 핸드북』 등이 있다.

최인자

이 책의 3장과 4장을 우리말로 옮겼다. 연세대학교에서 영어영문학 학사, 석사 학위를 받고 비교문학 박사과정을 수료했다. 조선일보 신춘문예 평론 부분에 당선되어 문학평론과 번역 작업을 병행했고 현재 경희대학교 후마니타스칼리지에 재직하고 있다. 역서로는 『빌러비드』, 『지혜의 일곱 기둥』, 『수도원의 비망록』, 『문학의 죽음』, '해리 포터 시리즈' 등이 있다.